# “あたりまえや”を当り前に

ヨシックスホールディングス会長兼社長
吉岡 昌成



中経マイウェイ新書 050

# 目次

# 第一章　ヨシックスの原点

# 商売人の血

私の父は、大阪市生野区巽中1丁目（昔は巽西足代町）で町工場を営んでいた。典型的な家内工業で、1階が工場、2階が住まいになっていた。「巽」地区は大阪市の東の外れ、東大阪市に近い所に位置し、今でも住宅と工場が共存している地域である。戦前の父は、大阪環状線内の都心部に住んでいたが、この地に疎開し、そのまま住み続けることになった。

工場に関して鮮明に残っているもっとも古い記憶は、大流行した「だっこちゃん」である。空気でふくらませる黒いビニール製の人形で、抱きつけるように両手、両足が丸くカーブしており、腕につけて歩いたりするのがブームになった。

発売されたのは1960（昭和35）年4月。私は1954（昭和29）年7月

18日生まれなので、6歳の時のことである。

いつの時代でも繰り返されることだが、ブームはやがて去っていく。爆発的なブームほど冷めるのも早い。だっこちゃん人形のブームも去って、父の手元に残ったのは借金とビニール製の人形を製造するための機械だった。

そこで父はこの機械を売却し、工業用ミシンを購入して、アメリカへ輸出するためのノベルティー用の袋物の製造を開始した。家内工業なので、家族は好きも嫌いもなく仕事に携わることになる。

私は末っ子で、姉が3人、兄が1人いたが、姉は早くから家の手伝いをしていた。姉や兄が働いていれば、当然、最年少の私も仕事にかり出されることになる。袋物を裏返して内側の余分な部分を切り取るような作業は、経験も技術もない子どもの私にもできた。

この仕事が嫌いだった。手伝いたくなかったし、継ぎたいとも思わなかったので、父とは別の仕事をするために、工業高校では機械科へ進んだ。

家業は継がなかったが、父から受け継いだものがあった。商売の種を自ら見つけて打ち込む商売人の血であり、いずれは自分も商売を始めるようになるだろうと、子どもの頃から漠然と思っていた。

家事が商いという環境の中で育ってきたので、そもそもサラリーマンとしての生き方や考え方が理解できなかったのだ。

筆者近影

# 最初の選択

私は家業の袋物工場を手伝いたくなかったし、跡を継ぎたくもなかったので、家業とは違う仕事をするために工業高校では機械科へ進学したが、その気持ちもぐらつくことになった。

友達のひとりに鉄工所の息子がいて、その家へ遊びに行くと、工場にプレス機械が置いてあった。プレス加工品はバリ取りが必要で、友達の妹が散らばっているバリの掃除をさせられていた。それを見た私は「これはあかん」と、機械に関する仕事への興味も希望も砕け散った。

ちょうどこの頃、女性建築技師が主人公のテレビドラマが放送されていた。緊迫した場面でぱらりと設計図を広げる仕草が格好良く、私は心変わりして、大阪工業大学の建築学科へ進学し、アルバイトで学費を稼ぎながら卒業した。

新たな選択を繰り返して今日へと至るわけだが、建築を目指したことが最初の選択であり、ここを出発点として失敗や挫折、新たな選択を繰り返していくことになる。

サラリーマンになるつもりはなかったが、大学を卒業しただけでは何もできないので、とりあえずは就職することにした。タイミングが悪く、大阪万博後の就職難の時代だった。

姫路でプロパンガス業を営んでいる橋本酸業（現・ネクストワン）という会社の入社試験を受け、面接で「10年以上勤めるつもりはありません。独立します」と言ったが、なぜか気に入られて、採用が決まった。

その会社は三洋電機の代理店として、自動販売機や業務用クーラーの設置・販売を行っていた。それまでは1台1台を設置・販売していたので、主に電気科の卒業生が採用されていた。

しかし、流通革新の波が押し寄せ、公設市場がミニスーパーになり、パン屋や酒販店がコンビニエンスストアになるなど、小規模店舗の業態転換が始まろうとしていた。

こうなってくると、1台1台販売していたのではらちがあかない。店舗を建築して、冷凍・冷蔵ショーケースなどの設備を一括納入するほうが効率的だし、売り上げも大きくなる。

そこで、橋本酸業は建築事業部を新設し、私はその第1期生として採用されることになったのだ。

子どもの頃の筆者

# 脱サラを決意

私は橋本酸業から「忙しいので、少しでも早く来てもらえないだろうか」と言われ、正式な入社日よりも1カ月早い1977（昭和52）年3月から仕事をすることになった。

配属されたのは大阪営業所。公設市場やパン店、酒販店などへ営業に行き、ミニスーパーやコンビニエンスストアに業態転換していく仕事で、先輩社員と2人でこなしていった。

新しい時代の波が押し寄せていたので、ともかく忙しく、月々の浮き沈みはあったものの、大阪営業所の7人の営業社員の内、私と先輩社員の2人で半分の売り上げを上げていた。

このように成績は優秀だったが、それ以上に厳しいノルマが課せられた。頑張って予算以上の実績を上げると、その実績に対してさらに120%という売り上げ目標が押しつけられるのだ。

そうこうしているうちに、先輩がノイローゼになり、行方不明になってしまった。雲隠れの理由は後になって判明した。定期検診で胃潰瘍と診断されたことだった。

当時は胃がんになると、本人には本当の病名を告知しないで、「胃潰瘍ですよ」と言われると信じられていた。先輩も当然、その噂を耳にし、信じてもいたので、自分は胃がんなのだと思い込んでしまい、その一方で仕事に追われる毎日が続いており、精神のバランスを崩してしまったのだ。

2人が1人になっても、営業ノルマは変わらない。大阪営業所の半分の売り上げが、入社4年目の私ひとりに押しつけられている。そう考えるとばからしくなってきて、1980（昭和55）年11月、会社を辞めることにした。

この時の私はまだ、脱サラして独立開業するつもりはなく、失業保険を受給してぶらぶらしていた。これといってすることがないので、歌でも歌おうかと、スナックへ通うようになった。

そこで大阪・大国町に店を構え、毛皮・宝石・貴金属を扱っている中村毛皮店の専務と知り合い、「遊んでいるなら、うちの毛皮を売ってくれ」と言われて、私は毛皮の商売に挑戦してみることにした。

橋本酸業の慰安旅行でパリへ

## 「本家かまどや」と出会う

中村毛皮店でさっそく営業活動を開始した。初めてのことなので、うまくいくかどうか見当がつかなかったが、予想以上に順調に売れていった。

橋本酸業を辞めた翌月の12月には400万円、1981（昭和56）年1月にも400万円を販売することができた。

人間というのは、今日儲かれば、明日も儲かると思うものだ。私も2カ月続けて順調に売れたので、この状態が続いていくとばかり思い込んでいたが、2月に入るとさっぱり売れなくなってしまった。

言うまでもなく毛皮は冬物商品で、2月から春物シーズンに突入してしまうからだ。このような衣料品関係者にとっての常識を、当時の私はまだ心得ていなかった。

これで私の毛皮の商売は終わったが、中村毛皮店との縁は切れず、後に店のあった場所へ３００号店目の「や台ずし大国町」をオープンすることになる。毛皮が売れなくなって、私は再び失業状態に舞い戻った。だからといって、もう一度、サラリーマン生活を始める気にはなれなかった。

当時は大卒初任給が12万円とか13万円という時代だったが、毛皮で月４００万円を販売すると、１００万円以上の利益を手にすることができ、私は毛皮の販売によって商売のおもしろさに目覚めてしまったのだ。

では、自分はどんな商売ができるだろうかと考えたが、やはり建築関係しかなく、そこで営業訪問したのが神戸市に本部を置く、持ち帰り弁当の「本家かまどや」だった。

それ以前の弁当と言えば作り置きの冷たいものが主流だったが、そこへ作り立ての温かい弁当を提供する持ち帰り弁当が登場し、ブームが始まろうとしていた。「本家かまどや」はその中のひとつで、私が脱サラした１９８０（昭和55）年11月に創業し、サービスを開始したばかりだった。

フランチャイズシステムによる全国展開を目指していて、私は「大阪地区を担当してもらえないか」と言われ、大阪市住吉区長居東の店舗付き住宅を購入し、「本家かまどや長居東店」と「ヨシオカ建装」（個人事業）の事務所を開設した。

中村毛皮店跡にオープンした３００号店目の「や台ずし大国町」

# 名古屋へ移住する

大阪で仕事をして1年、「名古屋でも展開するので、行ってくれないか」と言われ、名古屋へ移り住むことになった。

この年に私は5歳年下の松田光代と結婚しており、夫婦そろって移住し、子どもに恵まれて、家庭を築き上げていくことになる。

かつて勤務していた橋本酸業で、私の主な仕事はミニスーパーやコンビニエンスストアの店舗を建築することだったが、橋本酸業の本業はガス会社でフロンガスも扱っていた。私はガス事業の営業も行っていて、業務用冷凍・冷蔵機器メーカーの大和冷機工業（本社大阪市）を訪問しており、その受付にいたのが光代だった。

1982（昭和57）年4月14日、名古屋市東区葵1丁目のビルの2階に本家かまどや名古屋事業本部の事務所が開設され、私は翌日の15日、同じビルの1階に「本家かまどや葵店」をオープンした。これが「本家かまどや」の名古屋地区での1号店である。

仕事が軌道に乗ってきたので、翌年には「ヨシオカ建装」を法人化し、一時期、ブームになった100円バーガーを別会社「テンガロンキッド」で手掛けたこともあったが撤退し、1985（昭和60）年にその別会社の社名を「ベストフード」に変更して、「建築のヨシオカ建装」と「弁当店経営のベストフード」の2本柱で「本家かまどや」の事業に注力していくことになった。

持ち帰り弁当は一大ブームとなり、「本家かまどや」のフランチャイズ展開は急速に全国へ拡大。ヨシオカ建装の仕事は千葉、浜松、宇都宮、金沢へ広がって、最終的には名古屋から青森までの店舗の建築を任され、ベストフードはそれぞれの地域でモデル店を展開していった。

ヨシオカ建装は増収増益を続け、年間売上高は50億円規模となり、1990（平成2）年には名古屋市東区徳川町に本社ビルを建設して事務所を移転し、ベストフードの本社も移転して、社名を現在の「ヨシックス」に変更した。

名古屋市・徳川町に完成したビルと見学に来た家族

## 売り上げの急落

ヨシオカ建装は、名古屋市東区徳川町に本社ビルを建設した翌年の1991（平成3）年度も売り上げが好調で、年間50億円規模を維持することができた。ところが、さらに翌年度は3億6000万円まで急落してしまった。

ヨシオカ建装の仕事の95％は、フランチャイズ展開を推し進めていた「本家かまどや」の店舗の建築だった。

ところが、フランチャイズ店にはそれぞれにテリトリーが定められている。その結果、多店舗化によってテリトリーが埋め尽くされていけば、新店舗をオープンする余地がなくなってしまう。すなわち、その時点で「本家かまどや」の新店舗を建築する仕事はなくなってしまうというわけだ。

ヨシオカ建装は「本家かまどや」以外の仕事もしていたので、かろうじて3

億6000万円の売り上げを確保できたが、「本家かまどや」の仕事はないに等しい状態にまで減少してしまったのだ。

店舗数が飽和状態に達してきたことが売り上げ急減の理由であれば、もはや回復を見込むことはできない。このまま対応を怠れば、間違いなく会社はつぶれてしまう。膨張した会社の縮小均衡が急務だった。

ヨシオカ建装は名古屋から青森までの仕事を任され、これに対応するための体制づくりを行ってきてきたが、仙台、宇都宮、金沢にあった事務所を急きょ閉鎖することにした。

現地にとどまりたい社員には辞めてもらい、名古屋へ来てもいいという社員には来てもらい、本社への結集によって再出発の道を探ることにしたのだ。

これからどのような事業を目指すにしても、ともかく生き残りを図るために、落ち込んだ売り上げを回復させることが急務である。そのためには、新しい建築の仕事を探さなければならない。

そんな時、テレビを見ていていたら、居酒屋チェーン「養老乃瀧」のＣＭが流れていて、名古屋でも店舗を展開すると伝えていた。私はすぐさま飛び込み営業を行い、何とか受注を確保することができた。

建築を手がけた「養老乃瀧鵜沼店」（後列左端が筆者）

# ブームは去るもの

その後も懸命に営業活動を続け、「養老乃瀧」に続いて、和食レストラン「和食さと」、「薩摩ラーメン」、焼き肉の「がんこ亭」などから新店舗建築の依頼を受けることができた。

それまでのヨシオカ建装は一般建築も手掛けていたが、このようにさまざまなタイプの飲食店の建築に携わることができたので、店舗専門の建築業としての道を進んでいくことになる。

急場をしのいで経営が安定してくると、私は危機的状況に陥ったことを振り返り、自らの行動を深く反省した。これまで見たり経験してきた過ちを再び繰り返してしまったことに、改めて気づかされたからだ。

私の父は「だっこちゃん」ブームが到来すると、専用の機械を購入してその製造に乗り出したが、たちまちブームは去ってしまい、父の手元に残ったのは借金だけだった。

私は子どもの頃に見たその光景をはっきり記憶しており、ブームに乗ることの恐ろしさはよく分かっているはずだった。

会社を辞めて初めて経験した商売、毛皮の販売もそうだった。ぶらぶらしているのも何だからと勧められ、12月と1月は想像以上によく売れたので気をよくしていたら、2月に入ってさっぱり売れなくなってしまった。

毛皮は冬物商品であり、2月からは春物シーズンに突入するので、毛皮は見向きもされなくなると思い知らされたのだ。

もちろん、私は持ち帰り弁当が一大ブームになり、それに乗って「本家かまどや」の店舗が急拡大していることを知っていた。だから、このブームはいつかは終わると思っていた。

ところが、次から次へと仕事が舞い込んできて、忙しさに忙殺されていると、うまく仕事をこなしていくことばかりに専念してしまい、出店ラッシュがいつ終わるかまでには頭が回らなかった。

しかも、リスクを分散することなく、「本家かまどや」一社の仕事が95％を占めている危険性についても、冷静に思いを巡らすことができなかったのだ。

建築を手がけ、フランチャイジーにもなった「がんこ亭笠寺店」

## コンビニという強敵

ヨシオカ建装は、「本家かまどや」に全面依存していた状態から脱却し、さまざまな飲食店の店舗を手掛ける店舗専門の建築業へと脱皮していったが、この頃のもうひとつの会社、ヨシックスはどうだっただろうか。

当時は「本家かまどや」のフランチャイズ店を20店舗ほど展開していて、業績は悪くはなかった。「本家かまどや」の新店舗のオープンは激減していったが、持ち帰り弁当ブームはまだ続いており、既存店の売り上げが落ち込むことはなかったからだ。

ところが、その持ち帰り弁当ブームも長くは続かなかった。コンビニエンスストアという強敵が立ちはだかってきたからだ。

コンビニは相次いで取扱商品の拡充を推し進めていたが、その中の戦略商品のひとつが弁当だった。

コンビニ弁当は工場で生産されるので、店頭には冷めた状態で並べられている。このままであれば、作り立ての温かい持ち帰り弁当の前に立ちはだかることはなかった。

ところが、日本には優れたパッケージ技術があり、店頭の電子レンジで加熱すれば、作り立ての温かさを再現することができた。

パッケージには、それぞれの弁当の加熱時間が記されているので、冷たいまま持ち帰って、食べる直前に家庭の電子レンジで加熱すれば、場合によっては持ち帰り弁当よりも温かい弁当を食べることができた。店頭では作り立てでも、家へ帰るまでに冷めていくからだ。

しかも、コンビニは、差別化商品として弁当の開発を強化していき、おいしい味づくりを競い合ったので、相乗効果がコンビニ弁当の人気上昇に拍車をかけていった。

こうした影響を受けて、ヨシックスが経営する「本家かまどや」の店舗も売り上げは次第に下降曲線をたどり始めた。

コンビニ戦争がさらに激化していけば、ヨシックスは社員を抱えているので、赤字に陥っていくのは必至であり、私は「まだ利益の出ているうちに、競争力のある新しい店舗を開発しなければならない」と思った。

「本家かまどや」の店を20店舗ほど展開していた

## さまざまな試行錯誤

私は持ち帰り弁当に代わる新しい店舗を開発するため、いくつかのアンテナショップをオープンした。

そのひとつは「くいっぱち」というセルフうどんの店だった。お客さんに自分でうどんを温め、汁をかけてもらうスタイルで、四国で見た店を参考に作り上げた。発想は今でも悪いとは思っていないが、まだ早過ぎたのか、受け入れてもらうことができず、しばらくして撤退した。

もうひとつは「厨《くりや》」という居酒屋だった。ダイニング調のスタイリッシュな店で、間接照明とスポットライトによって薄暗い大人の雰囲気を演出していた。

ともかく「格好いい店」というのが基本コンセプトで、そのねらいが当たり、オープン当初の売り上げは良好だった。ところが、1カ月が経った頃には売り上げが落ち、反動減ではないかと思っていたが、2カ月、3カ月と月日を重ねていくにつれて、売り上げは減少していった。

ヨシオカ建装では、居酒屋の店舗も建設しており、それに比べて引けを取らないはずなのに、「厨」にはなぜ人が来ないのだろうか。流行っている店は、なぜ流行っているのだろか。どういうやり方をしているのだろうか。私はそのことを研究し、探索し、考え続けた。

下した結論は、提供する料理にあるのではないだろうか、というものだった。その時のヨシックスは持ち帰り弁当のノウハウしかなく、ほかにはない独自の味を提供することはできなかった。

このため、業務用の冷凍食品やレトルト食品を温め、格好いい器に盛りつけて提供していた。大手の外食チェーンは、セントラルキッチンで調理した料理を店で温めて提供しているので、このやり方でいいと考えていたのだ。

しかし、この頃にはコンビニエンスストアが一人用の冷凍食品やレトルト総菜を売り出していた。そのコンビニで売っているのと同じような料理を提供し続けていれば、飽きられても仕方がない。

これが、私が導き出した「厨」不振の原因だった。

「厨」の前での社員と筆者（右から２人目が筆者）

# 第二章　「や台やグループ」のはじまり

# 「や台や」１号店

「厨」の失敗から学んだのは、どんなに見栄えのいいおしゃれな店を作っても、それだけではお客さんはやっては来ないということだった。では、どのような店を作ればいいのだろうか。

私はもともとは建築業者であり、飲食業はどちらかと言えばまだ素人に近い状態だったので、すぐには答えを導き出すことができなかった。

そこで、私は「自分の行きたい店」「何度も足を運びたくなる店」を作ろうと考えた。すると、ひとつの答えが見えてきた。それは「屋台」だった。

私が生まれ育った頃の大阪には、まだラーメンやおでんの屋台が残っていて、夜中に試験勉強をしていると腹がすくので、屋台のラーメンを食べたという懐かしい思い出も残っている。

名古屋でもかつては、広小路通りなどに屋台が長く軒を並べていたと聞いている。しかし、今では道路沿いに屋台を作ることは禁じられているので、私は「屋台のような店」を作ろうと考えた。

それは「厨」とは真逆の店だった。「厨」は店内の雰囲気も使用する器も格好良さを追求し、厨房の見えないクローズドキッチンを採用し、個室による閉鎖的で薄暗い空間を重視していた。

これに対して「屋台のような店」とは、懐かしい昭和の時代を思い出させる開放的でにぎやかな店で、調理場の見えるオープンキッチンを採用する。

こうしたコンセプトを表現するため、店名にはそのまま「屋台」の2文字を用いることにし、「屋台屋」にしようと考えたが、「これでは商標登録できないかもしれない」との指摘を受け、「や台や」とすることにした。

飲食店経営の経験をまだ十分積んでいなかったので、提供する料理は生ものは避けたほうがいいと判断し、お好み焼きや焼きそば、鉄板料理を提供することにした。

こうして１９９８（平成10）年8月、持ち帰り弁当の店用に確保してあった名古屋市西区新道１にある15坪の土地に、１号店の「や台や押切町」をオープンした。

や台やの最初のロゴ「ここはや台や」

# 思い掛けない人気

「や台や押切町」は「や台や」の1号店だが、その後、順調に多店舗化していくことができたからこそ、1号店と位置づけることができたわけで、オープン当初は新しい試みである実験店舗のひとつという位置づけだった。

それまで手掛けてきた実験店舗は、最初は物珍しさもあってそれなりの売り上げがあったとしても、2カ月が経ち、3カ月が経つにつれて減少していくというのが、いわば共通のパターンだった。

ところが、「や台や押切町」はそれとは違って、月日が経つにつれて逆に売り上げが増加していった。

それまでとはまったく異なる現象を目の当たりにして、私は「この動きは何なのだろうか」「何が起きているのだろうか」と思った。

こうした問いに対する明確な回答が得られないまま、来店客数は増え続けていき、わずか15坪の狭い店なので、来店客のすべてを受け入れることが次第にむずかしくなっていった。

営業時間は午後5時から翌日の午前2時までと設定していたが、夜の食事を提供する時間帯としては午後7時から10時までが一般的で、「や台や押切町」の場合もそのように考えていた。

ところが、午後7時にはすでに満席になっているので、それより早く来店する人が増えていき、やがて午後5時のオープン前から人が並ぶようになった。

同様に、午後10時以降の客も増え、閉店する午前2時まで客足の途切れることがなくなっていった。

来店時間が広がっていくと、午後7時から9時までは家族連れ、午後10時以降はサラリーマンやカップルというように、客層も広がりを見せていき、売り上げは予想以上に伸びていった。

このような確かな手応えを得ることができたので、売り上げの減少傾向が続いていた「本家かまどや」の店を段階的に「や台や」へ業態転換していく方針を固めた。

この時には、「本家かまどや」の店舗は名古屋地区に20店舗ほどあったが、これから3年間ですべての店舗の業態転換を実施していくことになる。

や台や１号店の「や台や押切町」

## 「や台ずし」を開発

や台や1号店の「や台や押切町」をオープンした翌年の1999（平成11）年には新たな出会いの機会に恵まれ、そこからもうひとつのオリジナルな主力業態である「や台ずし」が生まれてくることになる。

北海道で6店舗を展開していた地域の有力寿司店が、回転寿司チェーンのアトムボーイによるM&Aで吸収された。この時、北海道から名古屋へ転勤してきた佐藤敏行さんが「や台や」の求人広告を見て応募し、採用することにした。「や台や」はお好み焼きや鉄板焼きの居酒屋で、生ものを扱っていなかった。生ものが扱えるだけの経験とノウハウの蓄積がまだなされていなかったからだ。しかし、私は「寿司業態の居酒屋もやってみたい」と考えていたし、そのためには、寿司のことを知り尽くしている人材の確保が不可欠だった。

ほかの従業員や佐藤さんからも「や台やスタイルの寿司屋もおもしろいのではないだろうか」との声が上がってきた。それは、しゃりは大きくなくて一口で食べることができ、本マグロのにぎり一貫を89円（当時の価格）で提供するなど値段も手ごろで、気軽に寿司を楽しむことのできる店だった。

こういうスタイルの店なので、ネタの原価を大きく取ることはできない。そこで、寿司の味を損なうことなく、原価を抑えるにはマグロをどのように調理すればいいのか、店のコンセプトを実現するためのメニューづくりから始めなければならなかった。

そこで、寿司のことに精通している佐藤さんに、メニュー開発から手掛けてもらい、こうした準備を経て新業態の「や台ずし」を展開していくことになった。

場所は、「本家かまどや」の名古屋地区の1号店である「葵店」のあった名古屋市東区葵1丁目と決めた。たまたま空いた隣接不動産を入手することができたので、「や台ずし」の1号店をここに設けることにしたのだ。

こうして2000（平成12）年3月、「や台ずし葵町」をオープンしたが、これが「や台や」以上の反響を獲得していくことになる。

や台ずし１号店の「や台ずし葵町」

## 「や台やグループ」を急拡大

「や台ずし葵町」はオープン初日から来店客が予想以上に多く、「や台や」にはない手応えがあった。しかも、その勢いは少しも衰えることがなく、人気は日ごとに高まっていくばかりだった。

や台やの1号店である「や台や押切町」は、日を追うごとに来店客が増えていき、夕食時間帯の「午後7～10時」のみならず、「午後5時～午前2時」の営業時間中にわたり、客足の途切れることがないまでに繁盛していった。

ところが、「や台ずし葵町」の場合は、オープンして間もない頃から「午後5時～午前2時」の営業時間中にわたってお客さんが訪れるなど、高い人気を集めることができた。店の前には常に行列ができていて、時間帯によっては待ち時間があまりにも長くなるので、座ってもらうための長いすを置くことにした。

すると、「ここでいいから食わせてくれ」というお客さんが現われ、その声が多くなってきたので、店の外でも料理を提供することにした。並べる長いすの数は増えていき、店の前の歩道までが、まるで店の中のようなにぎわいの場になっていった。

こうした好調ぶりから、最初の2カ月間の月間売上高は900万円となり、私は「これならば行ける」との確信を得ることができた。

このようにして、オリジナルな業態である「や台や」と「や台ずし」は、いずれもオープン当初から順調な業績を上げることができた。

このため、持ち帰り弁当店からの業態転換と新店舗の2本柱によって、積極的な店舗展開を推し進めていき、「や台やグループ」の総店舗数は急速に拡大していった。

その推移をたどってみると、「や台や」の1号店をオープンした1998（平成10）年は4店舗、1999（平成11）年は10店舗、「や台ずし」を始めた2000（平成12）年は28店舗となった。

さらに、その翌年の2001（平成13）年には47店舗となり、外食事業部門のヨシックスの年商は11億5807万円で、「や台や」を始めて4年で10億円を超える売り上げ規模となった。

昭和の時代の懐かしい屋台のような店を目指して

## リスク分散を考える

「や台や」と「や台ずし」の成功、さらには急速な店舗展開を、私はただ喜んで眺めていることはできなかった。

好調な状態は長くは続かず、やがては下降に転じていくことを、父のだっこちゃん人形、私の初めての商売である毛皮の販売、「本家かまどや」の新店舗の建築というように、私は何度も経験してきたからだ。

店舗数が増えていき、売り上げが伸びれば伸びるほど、私はリスクについて考えるようになった。会社をさらに成長させていくだけでなく、会社がつぶれないようにするにはどうすればいいのか、私は常にそのことを考えるようになったのだ。

そんな折、私が東名高速の三ケ日インターに差し掛かると、地震を警告する大きな看板が目に入ってきた。その時、私は思った。

「そうだ。東海地区には、いつ何時、巨大な地震がやって来るか分からない」

それから、1995（平成7）年に起きた阪神淡路大震災のことを思い出した。

私が生まれ育った大阪では、私の友だちが商売をしていたり、働いたりしている。その中には、震災の影響で会社がつぶれたり、何とか立ち直ることができたが、辛く苦しい経験をしてきた人たちがたくさんいた。その人たちの姿は、明日のわが身かもしれないのだ。

私はこれからも店を作り続けていくつもりだ。仕事はますます忙しくなり、会社はどんどん大きくなって、従業員はさらに増えていくことになる。このような状態で名古屋地方に巨大な地震が発生したら、どうなるのだろうか。

現在のように店舗が名古屋とその周辺に集中していれば、ひとつの地震でほとんどの店舗が大打撃を受け、会社はすぐに立ち行かなくなってしまう。だから、そのためのリスクヘッジをしなければならない。

日本ではどこにいても、地震の影響を免れることはできない。しかし、店舗のある場所が分散していれば、ひとつの地震ですべてを失う危険は回避することができる。

こうして私は、「や台や」と「や台ずし」を東京と大阪でも展開する準備を始めていった。

「や台ずし」のロゴ

# もはや私だけの会社ではない

2001（平成13）年にはこんなことがあった。

当時は、妻が事務部門の責任者として会社に出ていた。私は私で忙しい毎日を過ごしていたので、給与の支払いなど金銭関係の仕事は妻に任せ切りにしていた。

この頃はふたつの会社があり、飲食関係のヨシックスの給料日は毎月15日、建築関係のヨシオカ建装の給料日は毎月25日となっており、それはヨシックスの給与の支払いを前にしてのことだった。

私が営業から帰ってくると、妻が応接室で「疲れた」と言って寝転がっていた。

「どなんしたん」と私が尋ねると、妻は答えた。

「人件費が毎月3千万円にもなるから」

この言葉を聞いて、私はどきりとした。確かに店が増え、働く人も増えてきた。しかし、ここまで人件費がふくらんでいるという認識が、私にはなかったからだ。

だが、考えてみればもっともな数字だった。この年には「や台やグループ」の総店舗数は47店舗となり、ひとつの店で従業員とアルバイトを合わせて10人の人が働いているとすれば、ヨシックスで働く人の総数は470人にもなるからだ。

人件費に関しては、私の頭にはヨシオカ建装のイメージがこびりついていた。建築の仕事の従業員は7、8人なので、毎月の給与の総額は数百万円であり、このくらいなら、たとえひっ迫した状況にあったとしても、私自身が現場へ出て動き回れば何とかなるという自信があった。

ところが、毎月3千万円では、私ひとりではどうすることもできない。気がついたらヨシックスは、私ひとりが頑張って、それで成り立つ会社ではなくなっていたのだ。では、どうすればいいのだろうか。

そのためには、まず私自身の考え方を変える必要があった。

私は創業者としてヨシオカ建装やヨシックスを愛してきたが、これからは働くみなさんに愛してもらい、日々の仕事に励んでもらわなければならない。そういう会社をどのようにつくり上げていけばいいのだろうか。

当時の妻と私

## 上場会社を目指す

私は名古屋商工会議所や愛知県中小企業家同友会など、多くの団体に所属している。最初は人脈づくりのために入会していたが、セミナーなどの催しに積極的に参加し、勉強の場として活用していくようになった。

ヨシックスは年商が10億円を超え、もはや私ひとりが頑張って成り立つ会社ではなくなってきた。これからは、社員のみなさんに愛され、夢に向かって挑戦していける会社にしていかなければならない。そのためにはどうすればいいのかを学ぶためだった。

社員の総力を結集し、環境の変化に対応しながら、活力ある会社組織を築き上げていくための方法には、さまざまなものがあった。当時はISO（国際標準化機構）の認証を取得する取り組みも盛んに行われていた。

私はいろいろな人の意見を聞き、自分なりに調べを進めていき、最終的には「上場会社を目指すことが最適な方法ではないだろうか」との結論に至った。

しっかりした会社組織をつくり上げるには、しっかりした管理部門を確立することが不可欠である。しかし、急成長してきたわが社には、管理部門にふさわしい人材を採用し、育成してくるだけの余裕がなかったし、店で働いていただいている人の多くはパートやアルバイトのみなさんである。

このような企業でも、株式の上場を目指していけば、管理業務に長けた証券会社の人たちが、上場企業にふさわしい会社になるための支援や指導をしてくれる。そうすれば、あまり無理をすることなく、しっかりした管理部門をつくり上げることができるだろう。

外食産業の株式上場も活発化してきており、急成長を続けているわが社も注目してもらえるのではないだろうか。

父のだっこちゃん人形、私の毛皮の販売、「本家かまどや」の新店舗建築の急減と、3回の失敗を経験し、「つぶれない会社をつくるにはどうすればいいのか」を考えてきたが、その方向性は定まった。

大きくは「地域を分散するため東京や大阪にも出店する」「株式の上場を目指す」のふたつであり、私はその実現に向けてまい進していくことになる。

愛知県中小企業家同友会の総会後のパーティーで

# 立川に関東1号店

2001（平成13）年、私は初の「経営指針書」を策定した。ヨシックスの進むべき方向や目標を定め、全社一丸となって取り組んでいくためのもので、それから毎年、改定し続けていくことになる。

初の指針書には「5年後の2005（平成17）年に株式の上場を目指そう」と記してある。後から振り返ってみれば、まだ身の程知らずの状態にあり、ただ事業規模を大きくしていきたいと意気込みだけが満ち溢れていた。

同時に地域的なリスク分散を図るとの目標を掲げていたので、これを実現するため、まずは関東地方へ進出することにした。

だが、関東地方はきわめて広く、場所によってさまざまな表情がある。できれば東京都内に出店したいが、家賃が高くてとても手が出せない。

そこで、「や台やグループ」の関東1号店をどこに出すべきか、より適切な物件を探すために自ら歩き回り、最終的に立川市にねらいを定めた。

ＪＲ立川駅は中央本線、青梅線、南武線の３路線が乗り入れる多摩地域最大級のターミナル駅であり、名古屋駅に匹敵する駅に見えた。不思議なことに家賃も名古屋と同じくらいの水準だった。

立川市役所は後に移転するが、当時の市役所とＪＲ立川駅との中間地点に位置する立川市錦町２に、15坪で月額家賃18万円の物件を見つけることができた。

立川駅南口からは徒歩５分と少し離れてはいるが、人通りの多い所だったので、「これならば行ける」と私は判断した。

業態は「や台ずし」とし、関東初の重要な店なので、店長には「や台ずし」の業態開発に尽力してくれた佐藤敏行さんに赴任してもらうことにした。

こうして、２００２（平成14）年１月、「や台ずし立川錦町」がオープンした。

売り上げは順調に伸びていき、関東地区への第一歩はうまく踏み出すことができた。

しかし、目的は関東地区での多店舗化であり、ここから第2歩、第3歩と歩を進めていくにつれて、私は思い掛けないいばらの道へ踏み入っていくことになる。

関東１号店の「や台ずし立川錦町」

## 八王子に関東の拠点事務所

２００２（平成14）年には、1月の「や台ずし立川錦町」に続いて、7月には八王子市三崎町に「や台ずし八王子三崎町」をオープンするなど、関東地区での多店舗化に乗り出した。

八王子市は学生の多い街で、や台やグループのような手軽に飲食が楽しめる店との相性が良いことから、当面は八王子市内での出店に力を入れることにした。

２００５（平成17）年8月には、八王子市中町の一棟借りしたビルの1、2階に新業態の「飲みくい・これや八王子中町」（現在はや台ずし）をオープンした。

八王子市内では4店舗目の店で、このビルの3階には関東事業部の事務所を開設（後に神田に移転）し、ここを拠点として、多摩地区を中心に関東での店舗展開を推進していくことになった。

だが、ここに至るまでには、ひとつの難関を乗り越えなければならなかった。関東地区でも新店を出店する時は、私が先頭に立ち、物件の選定や交渉に走り回っていた。しかし、出店する場所が広域化していけば、私ひとりですべての店を手掛けることはむずかしくなってくる。

そこで、社内からこれはという人を選び、関東地区担当のマネージャーを育成することにした。最初は私が連れて回り、物件の探し方をはじめとして、店舗開発に関するいろはから教えていったのだ。

だが、関東地区の仕事を任せてみると、予想外のことが起きてしまった。お山の大将の気分にでもなったのか、業者との癒着やずさんな資金管理など、目に余ることが次々に発覚する事態となったのだ。

そこで、マネージャーの変更を数回繰り返し、ようやく安心して任せられるようになったのが、２００３（平成15）年９月に東京へ赴任した渡邉竜二だった。

渡邉は八王子に事務所を構えた関東事業部の初代の部長となり、２００６（平成18）年には取締役に就任した。

その後、そのほかの地域の事業部部長などを歴任し、２０２１（令和３）年５月からは、関東第一事業部、関東第二事業部、関東静岡事業部を統括するヨシックスフーズの取締役執行役員東日本事業本部本部長に就任している。

「や台ずし八王子中町」（建物の３階に関東事務所を開設）

## 関西地区への進出

関東地区への進出に続いて、関西地区にも出店することになり、2004（平成16）年、大阪市天王寺区大道に関西1号店の「や台ずし寺田町」をオープンした。

私は災害などによるリスクの地域分散を図るため、全国展開に踏み切ることになったが、東京、名古屋、大阪の3大都市圏で日本のGDPの70％を占めていることから、この時点で「この3地域にねらいを定めていけば、リスク分散という目的は達成できる」と考えていた。

しかし、関西地区においても関東地区の場合と同様に、地域の仕事を任せるマネージャーをめぐっての問題が発生した。

関西地区のマネージャーには、名古屋から2人を送り込んだ。この2人は関東地区の場合のように、業者との癒着や金銭問題を起こすことはなかったが、このうちの1人は昔風の職人気質であるという問題を抱えていた。

もともとは卸売市場で商売をしていた人であり、部下がミスをしたりすると、どついて教育するのが当たり前という環境下で長い時間を過ごしてきた。

そして、その習慣をそのままヨシックスへ持ち込んできたのだ。当然のことながら、このようなやり方が通用するはずがなく、せっかく採用した従業員が次々に辞めていってしまう。

このままでは、当面の店の運営に支障をきたすだけでなく、会社の将来に必要な人材を失うことになりかねない。そこで、このマネージャーには辞めてもらうことにした。

代わって、東京でマネージャーをしていた橋本智也を大阪へ送り込み、軌道修正を果たすことができた。

こうして、関西地区での店舗展開が順調に動き出したので、２００６（平成18）年11月、関西事業部の事務所を開設した。大阪市天王寺区玉造元町のビルを一棟借りして、１階から３階までを「や台や玉造町」とし、事務所はその４階にオープンした。

関西地区の立ち上げに貢献した橋本は、２００７（平成19）年に独立していき、後任には福元徹を送り込んだ。福元は２０２１（令和３）年５月から、ヨシックスフーズの取締役執行役員西日本事業本部本部長を務めている。

大阪でも店舗展開が進む（や台ずし天六町）

## 「人が育っていない」と気づかされる

私は「つぶれない会社」をつくり上げるための手段として、上場会社を目指すことにした。少しでも早い上場を実現するには、ヨシックスを急成長させる必要があり、リスク分散の観点から関東地区、関西地区での店舗展開に乗り出した。

関東地区や関西地区は東海地区よりも市場規模が大きいため、うまく軌道に乗せることができれば、店舗数の増加に拍車がかかるとの期待があった。ところが、その目論見はもろくも崩れ去った。

1998（平成10）年に「や台や」スタイルの店舗展開に着手して以来、総店舗数は4店舗、10店舗、28店舗、48店舗と順調に拡大していった。

ところが、関東へ進出した2002（平成14）年は54店舗、2003（平成

15）年は60店舗、関西へ進出した２００４（平成16）年は同じく60店舗というように、総店舗数はほぼ横ばいで推移した。

原因は前回までで述べてきたように、関東、関西という新市場を任せられる人材が育っていないことであり、毎年スクラップ&ビルドを行っているので売上高は増加を続けたが、総店舗数での成長にはブレーキがかかったのだ。

「企業は人なり」とよく言われるが、この時ほど「企業を成長発展させるには、人を育てなければどうすることもできない」と思い知らされたことはなかった。

ヨシックスがそれまでに採用してきたのは、次々にオープンしていく店の運営を任せるための従業員だった。応募してくる人たちも店で働くのが夢であり、目標は店長になることである。私もそのように対応し、優秀な店長を育て上げることができた。

しかし、企業という組織を動かしていくには、店を切り盛りしていくのとは別の能力が求められる。関東地区と関西地区では、安心して地域を任せることのできるマネージャーを生み出すための試練を余儀なくされた。

私は営業や店舗開発のために全国を飛び回っていたので、本社においても私の片腕として会社を経営することのできる人材の確保が必要不可欠だった。

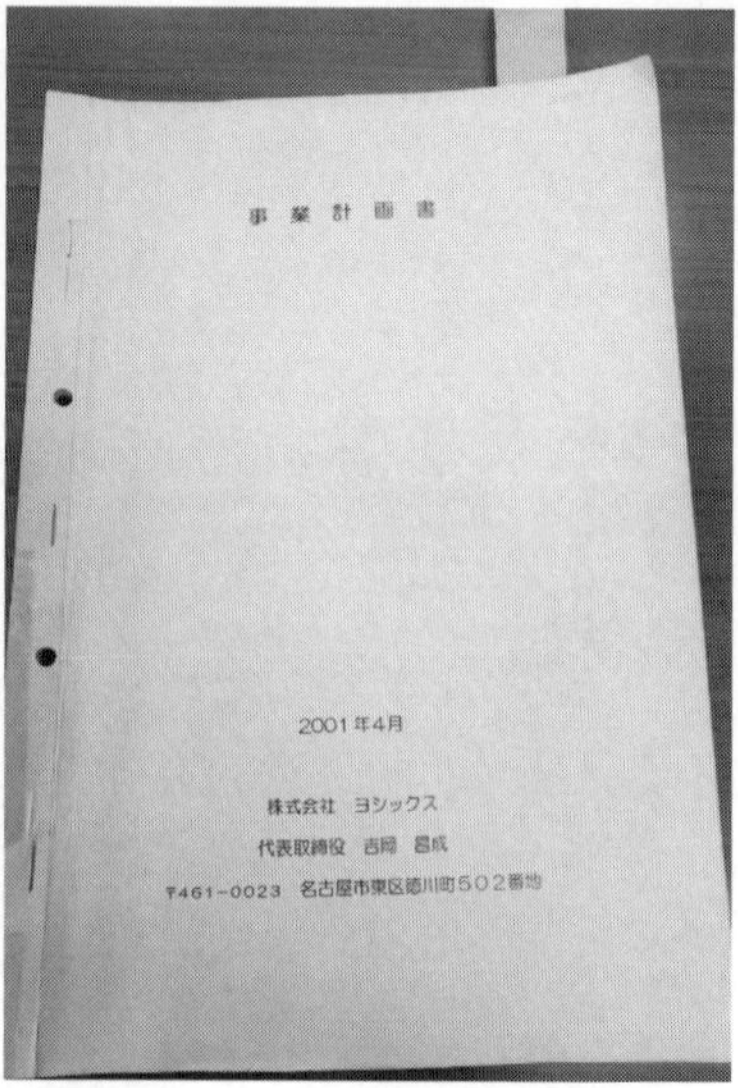


2001年4月に「事業計画書」を初めて冊子にし、「上場を目指す」と記した

# 社内体制を整える

1998（平成10）年8月にオープンしたや台やグループの最初の店「や台や押切町」はおもしろい店だった。

弁当屋の経験しかなかった者たちが始めた居酒屋なので、料理らしい料理の作り方が分からない。そこで、お好み焼きや鉄板焼きから始めていったが、素人ぽいところが手づくり感覚と受け止められ、人気の店となった。

その年の11月、この店の魅力にひかれて、ひとりの男が入社してきた。年齢は36歳。同業他社からの転職ではなく、外食産業の新人としては年齢が高い。大学を出て就職していれば、中堅社員として活躍している年齢である。

この男は大学を卒業してから、デザイン会社、コンサルタント会社などを転々としており、こうした経験の積み重ねによるものなのか、管理職として信頼に足る能力を発揮していくようになる。

２０００（平成12）年は「や台ずし」の1号店が予想以上の成功を収めた年である。私の夢は大きくふくらんでいき、4月にはや台や事業部、や台ずし事業部、新事業開発部などを設け、それぞれの部門に部長を配置した。

この時、この男は「や台や事業部部長」に就任した。その後、ほかの部長は長続きしない人が多かったが、この男は与えられた職務を十分にこなすことができた。私は「全事業部門を統括できるだけの能力がある」と判断した。

男は２００１（平成13）年4月に常務取締役となり、翌年9月には「や台やグループ総事業本部」の本部長に就任した。その後、専務、副社長、社長兼CEOと昇格を続けていく。２０２１（令和3）年1月からはヨシックス取締役、ヨシックスフーズ代表取締役社長執行役員を務めている瀬川雅人である。

人というのは一般的に、「1」をするように指示されても「0・1」や「0・

2」、多くても「0・5」しかできないものである。ところが、瀬川雅人は私の考えている先の先まで読んで、言われなくても「2」とか「3」を実行していく人である。

こうした人材を得て、私は社内体制を整えていくことができ、ようやく次のステップが踏み出せるようになっていった。

若き日の瀬川雅人（右から３人目）

# 具体的な上場準備に着手

２００５（平成17）年、新光証券（現・みずほ証券）、あずさ監査法人、三菱ＵＦＪ信託銀行と契約し、具体的な株式上場の準備に取り掛かった。

２００１（平成13）年４月、私は初めて事業計画書を冊子にまとめ、その中に「２００５年に株式上場を実現する」と書き込んだ。成長発展を続けていく優れた企業をつくり上げていくため、全社的なスローガンのひとつとしてこれを掲げたのだ。

その後、私の認識の甘さから、社内体制づくりに時間を要してしまったが、皮肉なめぐり合わせと言うべきか、上場を目指していたその年に、ジャスダックへの上場準備に着手することになった。

ジャスダックを選んだのは、当時は上場時に株式を市場へ放出しなくてもよかったことが、主な理由だった。

具体的な準備を決断した第一の理由は、信頼できる人材の確保という懸念事項がクリアできてきたことだが、前年にがんこ亭（がんこ炎）がジャスダックへ上場したことにも刺激された。

建築業のヨシオカ建装は、がんこ亭から店舗建築の99％の仕事をもらっていたし、がんこ亭のフランチャイズ展開の仕事も引き受けていて、営業部長の名刺を持って広域的な活動を行っていた。

このように親しくしていたがんこ亭が上場していく過程を身近な所から見ていたので、総店舗数が伸び悩んだ時期はあったが、や台やグループの売り上げは毎年、順調な伸びを続けていたので、私は「これならば行ける」と判断したのだ。

今から振り返ってみれば、当時の私がいかに怖いもの知らずで、うわべの動きだけしか見ていなかったか、実に恥ずかしい限りだが、私は上場するのはそれほど難しいことではないと思い込んでいた。

監査法人の会計監査で、2期連続して基準を満たしていれば上場できると聞いていたが、売り上げが伸びていただけでなく、利益もしっかり出ていた。中小企業の税務会計に対し、上場企業には管理会計が必要だが、ＩＴの導入でこれにも難なく対応できるだろうと思っていた。

私は3年目には、間違いなく上場できると踏んでいた。

経営指針発表会で今後の方針を語る筆者

## 待ち構える難関

上場する。それがいかに甘い考えであったかを、やがて思い知らされることになる。上場会社にふさわしい会社になるための難関が待ち構えており、ひとつひとつクリアしていかなければならなかったからだ。

2006（平成18）年には、社内事務のIT化や管理会計を推進するとともに、「社内各種規程集」を作成した。社長や専務、部長、チームリーダーなどの権限を規定し、決裁権を与えるためのものだった。

金銭に関しても役職ごとに決済できる金額を定め、それを超える場合は稟議書を作成しなければならないというように、新しい仕組みを全社的に定着させていかなければならなかった。

この年には、ヨシックスがヨシオカ建装を吸収合併した。広く他社の店舗を建築しながら、ヨシックスの店舗を建築していたが、他社の仕事がほとんどなくなってしまったので合併し、ヨシックスの建装事業部となった。

名古屋市東区徳川町の本社ビルなどについては、個人で所有し、会社に貸す形になっていたが、個人資産を明確に分離しなければならないとして、会社への売却を迫られた。

本社ビルはバブル時代に建てたものだが、この時にはバブルが崩壊していたので、価値が大きく低下していた。会社に売却するには銀行借り入れを清算しなければならず、約1億円を手当しなければならなかった。

これらのことは新光証券の指導のもとに進めていったが、副社長をしていた妻に関しても注文をつけられた。私が営業で飛び回り、以前は妻がお金に関する一切を担当していたが、経理専門の社員が入ってからは仕事がなくなり、お昼までで帰宅していた。

妻は「午後5時まで会社にいてほしい」と言われ、「それならば上場には反対」と、家でも愚痴を聞かされたが、やがて「1億円の退職金がもらえるなら役職を降ります」と言うようになり、これを受け取った。

この1億円は本社ビル売却に伴う銀行借入の清算にあて、個人資産の分離を実現することができた。

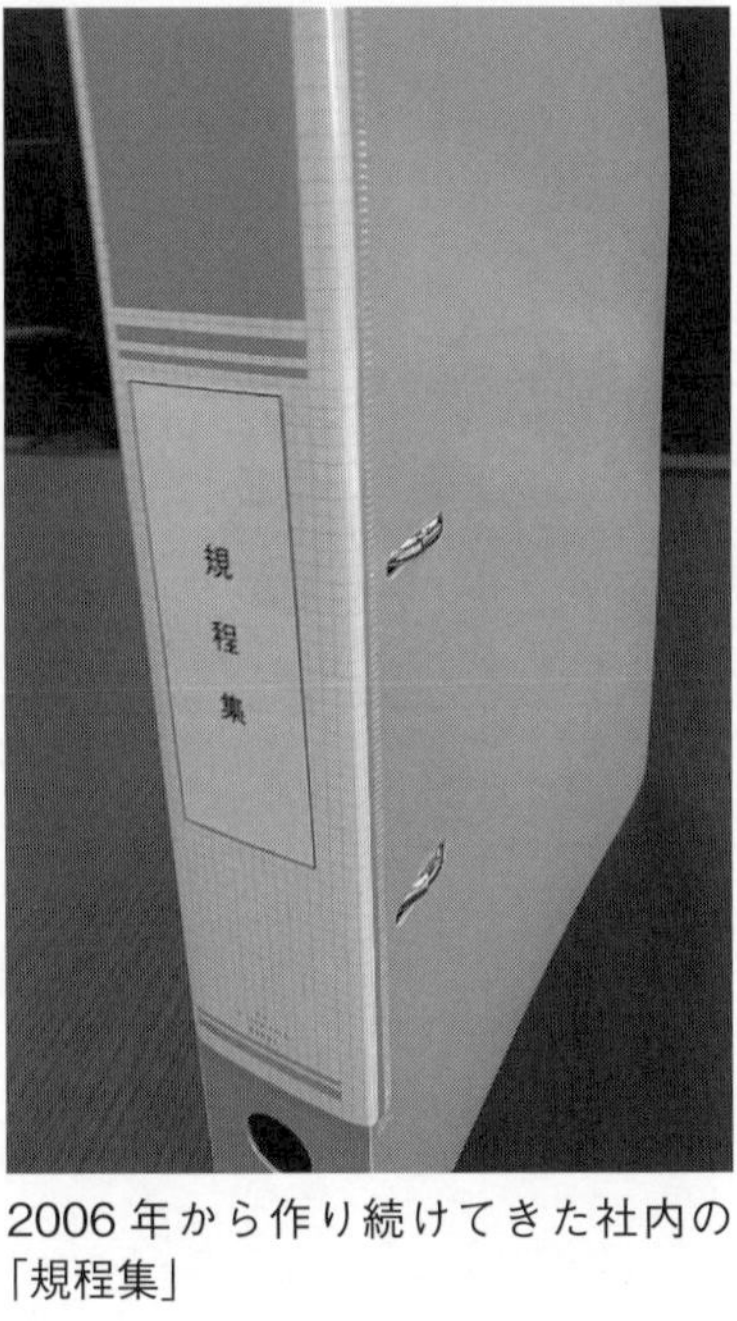

2006 年から作り続けてきた社内の
「規程集」

## 上場を断念する

私は上場は比較的容易にできるものと考えていたが、しなければならないことは多く、家の中までごちゃごちゃしてきた。ＩＴ投資も予想以上にかさんできた。

しかも、私は相変わらず営業で全国を飛び回っていて、それに上場がらみの仕事が加わってきたので、忙しいだけでなく、頭の中が混乱する日々が続いていた。

「本当にこんなことをしていていいのだろうか？」と、私は疑問を抱くようになった。

それでも上場に向けての準備は進んでいき、次第に体制が整ってきた。売り上げも順調に伸びていて、２００７（平成17）年には年間売上高が30億円に達する見通しになってきたため、「２００８（平成20）年には上場するぞ」と、私の気持ちも社内の雰囲気も勢いづいた。

ところが、２００８年にふたつの思い掛けないことが起きた。ひとつはジャスダックが大阪証券取引所の子会社になったこと、もうひとつはリーマンショックで、このことが尾を引いていくことになる。

売り上げはその後も拡大を続け、２０１０（平成22）年の年間売上高は50億円となった。すでにコンサルタント会社から、後に執行役員管理本部本部長を務める大崎篤彦を迎え入れており、いつでも上場できる体制が整ってきた。

ところが、ジャスダックが２０１０年にヘラクレスなどと統合されると、それまでは上場時に株式を市場に放出しなくてもよかったが、5億円の株式を放出しなければならなくなった。

しかも、ヨシックスには勢いがあり、さらなる業績の拡大を見込むことができるのに、リーマンショックによる株式市場の低迷で、企業価値は12億円と評価されてしまった。

こうなってくると、上場時に半分近い株式を、しかもきわめて不本意な価格で、放出しなければならなくなる。誰がどう考えても、ヨシックスの企業価値は正しく評価されない。

私は「こんなばからしいこと、やってられるか」という気持ちになり、2005（平成17）年からの努力は無に帰することになるが、上場の取り止めを決意した。

上場への準備が進み、社内体制が整ってきた（旧本社ビル）

# 出店戦略を方向転換

上場に向けての取り組みから断念へと目まぐるしい日々を過ごしているさ中、ヨシックスは出店に関する大きな方向転換を行うことになった。

それまでは、関東、東海、関西の３大経済圏で日本のＧＤＰの約７割を占めているので、こうした人口や産業の密集地へ出店していけば、成長発展が実現できると考えていた。

ところが、思いも寄らない状況になってきた。こうした大都市圏では、人の採用がむずかしくなってきたのだ。人手不足で店を運営することができないので、ほかの店を閉めて人をねん出するようなことまで実施せざるを得なかった。

人が採用できないので、新しい店を出すことができない。それどころか、店を閉めている。このような受け入れがたい状態は、人さえ集まれば解決できるのに、人が採用できない事態を解消することはできない。

そこで、私は発想を大きく転換してみた。「それならば、人を採用できる所に店を出せばいいのではないだろうか」と考えたのだ。

例えば、２００７年（平成19）年1月の都道府県別の有効求人倍率を見てみると、全国平均は1・06で、東京都は1・42、愛知県は1・94、大阪府は1・29となっており、名古屋での採用がとりわけむずかしいという実感と合致していた。

「では、もっとも低い所はどこだろうか」と眺めていくと、沖縄県の0・37であることが分かった。

そこで物件のリサーチを兼ねて、家族とともに沖縄旅行に出掛けていくと、現地へ行って初めて分かったことがあった。

那覇市内の交通手段は、バスやタクシーのほかはモノレールしかなく、駅前のにぎわいを期待することがむずかしいように思えた。また、寿司屋へ入ってみたが、ネタは沖縄特有の熱帯魚のような魚ばかりであり、「これではや台ずしを持ってくることはできない」と判断した。

そこで今度はひとりで、求人倍率０・６０の長崎県へ出掛けていった。ここから現在も継続実施している「田舎戦略」が始まっていき、この戦略によって、ヨシックスは他社にない強みを確立していくことになる。

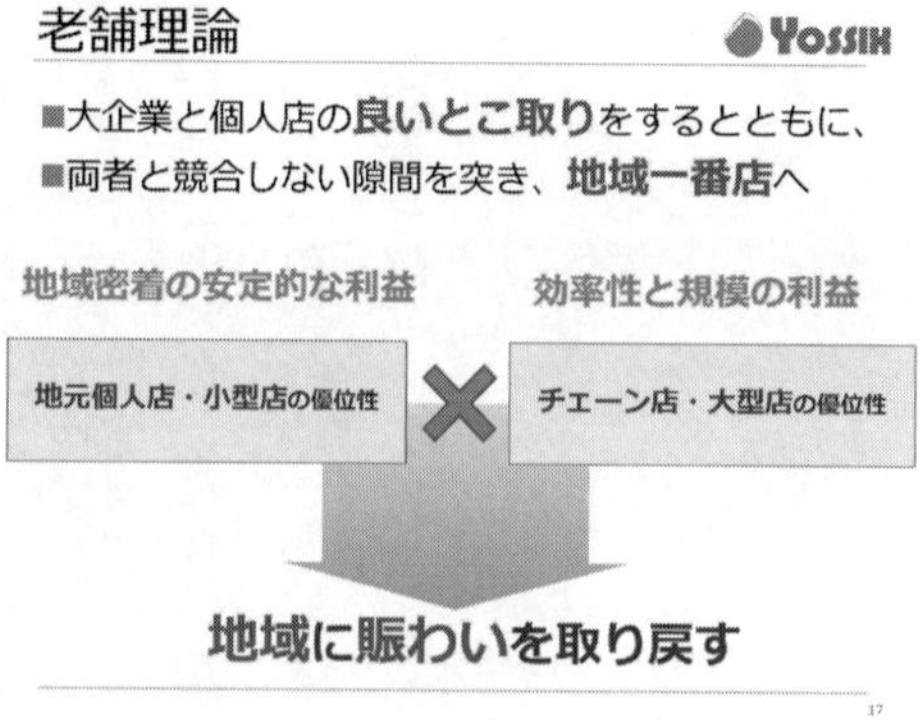
老舗理論
YOSSIH
■大企業と個人店の良いとこ取りをするとともに、
■両者と競合しない隙間を突き、地域一番店へ
地域密着の安定的な利益
効率性と規模の利益
地元個人店・小型店の優位性
チェーン店・大型店の優位性
地域に賑わいを取り戻す
17

地域一番店を目指す「老舗理論」

## 「田舎戦略」の第1歩

今度は長崎県を調べてみようと思い、さっそく現地へ飛んで、長崎市内の出店候補地を不動産屋と探し回った。しかし、これはという物件を見つけることはできなかった。

そこで、ＪＲに乗って佐世保市へ行ってみた。佐世保駅を出た私は心が動かされた。私が求めているような雰囲気とにぎわいがあったからだ。

佐世保市は、居酒屋を展開しようとしている者には心ひかれる街だった。米軍基地があることから、外国人が集まる地区や日本人が集まる地区があり、魅力的な居酒屋文化が培われていたからだ。私は「この街で勝負してみたい」と思った。

ＪＲ佐世保駅前には飲食店の立ち並ぶ夜店公園通りがあり、そこを歩いていると、屋根が落ちかけている古い家屋があった。

私は直感的に「これだ」と思い、近所の人に聞いて回ると「すぐ裏に不動産屋がある」と教えてくれた。

修理を先方に任せればいつ完成するか分からないし、私のもともとの仕事は建築業である。私は時間が惜しいので、「工事はすべてこちらで行うので、すぐ貸してほしい」と交渉し、さっそく長崎県で第1号の「や台ずし夜店公園町」の建築に取り掛かった。

同時に求人活動を行わなければならないので、新聞に求人広告を出した。3万円の小さな広告だったが、たちどころに従業員5、6人、パートタイマー20人を集めることができた。

大都市圏で求人難に苦しんでいた者にとっては、信じられないような出来事だった。

店の隣には喫茶店があり、レセプションの日にコーヒーを飲みに入った。30歳くらいの垢ぬけた女性がひとりで店を切り盛りしていた。「オーナーさん？」と尋ねると、「アルバイトです」と言う。失礼かもしれないと思ったが、「いくらもらっているの？」と聞いてみた。最低賃金よりも安い時給600円とのことだった。

要するにアルバイトをしたくても働く場所がないということであり、私はこの時、「新たな雇用を創出するためにやって来たのだ」と、自らの使命の重さを実感した。

田舎戦略の第１号「や台ずし夜店公園町」

# 顧客満足度を高めるための仕組み

2007（平成19）年、長崎県のみならず九州でも1号店となる「や台ずし夜店公園町」を佐世保市塩浜町にオープンした。ここから3大経済圏にこだわらない店づくりが始まっていき、ヨシックスを特徴づける「田舎戦略」「老舗理論」「地域リスクヘッジ」を確立していくことになる。

「田舎戦略」といっても、地方都市であればどこでもいいというわけではなく、「年間を通じて、一定以上の安定的な居酒屋需要が見込める地域」のことである。

具体的には、東海道、山陽、九州新幹線に隣接する市町村、あるいは1日の乗降客が6千人以上の駅前などだ。同時に、従業員の雇用が容易な地域であり、そこに直営店を出店していく。

「老舗理論」とは、地域密着の個人の店と、効率性や規模のメリットを追求する大型チェーン店の両方の良い所を取り込んでいこうというものだ。

この「老舗理論」にもとづいた30～40坪程度の中小型店舗を低コストで出店し、地域密着の個人の店、大型チェーン店のどちらとも競合することない地域一番店を目指して、地域の新たなにぎわいづくりを目指していく。

こうした「田舎戦略」と「老舗理論」によって、次のような効果を実現しようとしている。

同業他社の多くは、

①家賃が高いエリアに大中規模店を出店している場合が多く、家賃比率が10％を超えている。

②この高い家賃をまかなうために、原価を徹底的に抑制しようとする。

③このため、集客力が弱まり、坪当たりの売り上げが低下して、効率的な利益の確保がむずかしくなる。

これに対してヨシックスは、

①1・5等地、2等地に中小規模店を出店し、家賃比率を7％台に抑制する。

②家賃比率を抑えた分、原価にコストをかけて良い食材を使い、お値打ち感を高めることができる。

③これにより、顧客満足度の高い料理を提供し、集客力や坪当たりの売り上げを高めて、効率的な利益の確保を実現していく。

こうした店を全国的に展開し、「地域リスクヘッジ」の徹底を図っていく。

2021 年現在、29 都府県に展開
※濃い塗りつぶしは今後の展開予定地域

# 加速していく全国展開

２００７（平成19）年には、長崎県に続いて、神奈川、埼玉、奈良県でもそれぞれの県での1号店をオープンした。

この3県の中でとりわけ印象に残っているのは、もっとも有効求人倍率が低かった奈良県で、長崎県の場合と同様に求人広告を出すとすぐに人が集まり、「これならば田舎戦略は行ける」との思いを強くした。

翌年度には、福岡県で県内1号店をオープンした。この年にはリーマンショックが起こり、株式上場にはマイナスとなったが、営業活動は影響を受けることがなかった。不景気になれば外食需要が低迷しても不思議ではないが、店への人気が衰える気配はまったくなかったのだ。

このため、引き続き出店攻勢を強めていき、２０１０（平成22）年には広島、静岡、熊本、兵庫県、２０１１（平成23）年には京都府、山口県、２０１２（平成24）年には千葉県、２０１３（平成25）年には滋賀、三重、岡山県というように、それぞれの府県での1号店をオープンした。

すでに出店している都府県での多店舗化も推進していったので、２００７年には73店舗、２００８（平成20）年には76店舗、２００９（平成21）年には90店舗、２０１０年には１０６店舗となり、１００店舗の大台を突破した。

２０１０年はジャスダックへの上場を断念した年だった。そのことを社員のみなさんに伝えると、「上場会社を目指す」を合い言葉に頑張ってきたので、誰もが一様にがっくりした。

しかし、それは一時的なことに過ぎなかった。私もそうだったが、社員のみなさんもある種の緊張状態から解き放たれ、何だか自由な気分になり、思い切り行動できるようになったのだ。

このことが出店にさらなる弾みをもたらし、２０１１年には１２６店舗、２０１２年には１４５店舗、２０１３年には１４７店舗、２０１４（平成26）年には１７０店舗となり、２０１５（平成27）年には２０１店舗で２００店舗を超えた。

売り上げも順調に拡大していき、２０１０年に50億円だった年間売上高は、5年後の２０１５年には１００億円を突破していくことになる。

店舗数

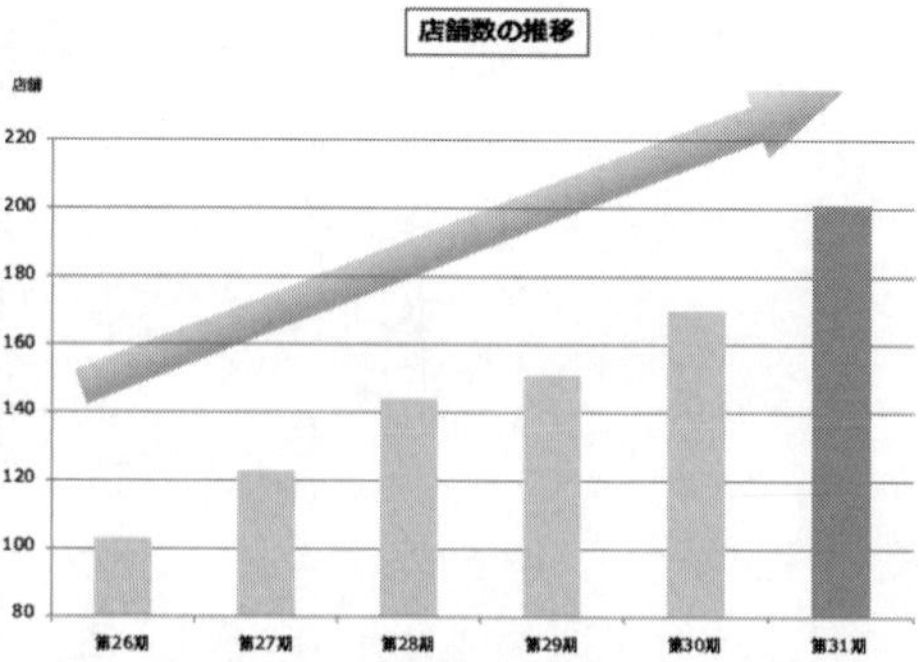


| 第26期 | 第27期 | 第28期 | 第29期 | 第30期 | 第31期 |
|---|---|---|---|---|---|
| 103店 | 123店 | 144店 | 151店 | 170店 | **201店** |

店舗数の急拡大で、2015 年には 200 店舗を突破

## 新業態「ニパチ」の実力

や台やグループの総店舗数の拡大を支えた要因として、「や台や」「や台ずし」に続いて第三の柱になっていく新業態「ニパチ」の登場があった。全品280円のお値打ち感満載の居酒屋だが、当初計画していた新業態はこれとは正反対のものだった。

1990年代初頭にバブルが崩壊し、日本経済は長期低迷を余儀なくされたが、2002（平成14）年から息の長い回復傾向を続けていくことになる。2002年とは立川市に関東地区の1号店をオープンした年であり、ここからや台やグループの全国展開が始まっていった。

世界経済の回復による堅調な外需、高まる設備投資に続いて、個人消費も景気回復を支える重要な柱になっていった。こうした動きの中で人手不足が深刻化してきたため、や台やグループは「田舎戦略」を展開していくことになる。「や台や」「や台ずし」に続く新業態の開発は、このような経済環境下で始まっていった。このため、「や台や」「や台ずし」の平均客単価2、3千円に対して5千円くらいの高級店を考えていた。

ところが、2008（平成20）年のリーマンショックで状況は一変した。それまでは、インフレに向かうかもしれないと思っていたが、デフレが長期化していくことになるだろう、と私は判断した。

そこで高級路線から一転、千円台で楽しめる総合居酒屋「ニパチ」を展開することにし、2009（平成21）年に埼玉県で1号店をオープンした。本当は「ニッパチ」にしたかったが、弁理士と相談して「ニパチ」で商標を登録した。

1号店に続いて、名古屋市中区栄3丁目（昔は、名古屋市中区住吉町）に4階建てのビルを借りて1階から3階までを店舗にし、メニューを見直して「ニパチ」の業態を完成させていった。

２８０円均一という斬新な試みが受け入れられたのか、売り上げはきわめて好調で、確かな手応えを感じることができた。このため、業績のふるわない「や台ずし」を「ニパチ」に転換していった。

このことがや台やグループの総合力を高めていき、リーマンショックの影響を受けることなく、成長拡大を続けていくことができたのだ。

「ニパチ住吉店」で業態を完成

# 第三章　上場へ再挑戦

## ジャスダックと名証2部に上場

私は２０１０（平成22）年には、ジャスダックへの上場を断念した。しかし、リーマンショックの影響を受けることなく店舗数は増加し、売り上げも拡大を続けている。この勢いが衰える気配はなく、先行きへの懸念もない。

このように順調な成長を続けている企業が、上場できないはずがない。そう思った私は２０１１（平成23）年から、再度挑戦してみることにした。

あずさ監査法人と三菱ＵＦＪ信託銀行との契約はそのまま継続することにしたが、証券会社は野村證券に切り替えた。

この時も私は、甘い見通しを立てていた。準備と言ってもすでに1回挑戦済みのことであり、ゼロからスタートするわけではない。業績のほうもそん色はない。だから、2年くらいで実現できるだろうと考えていた。

ところが、そういうわけにはいかなかったのだ。野村證券は、まるで1年生を扱うようにして、一からの指導を開始したからだ。

企業の育成という観点からすれば、株式の上場とは、中小企業を優良企業へ、さらに大企業へと成長発展させていくための過程であり、手段のひとつと見ることができる。

野村證券の徹底した指導は、「これが証券会社の仕事である」という使命感や、「われわれがこの会社をここまでの会社に育て上げました」という誇りによって支えられているように見えた。

もちろん、これはこれで称賛すべきことだが、この頃の私は「田舎戦略」の本格的な展開に乗り出し、全国を飛び回っていた。このため、このような丁寧なやり方はわずらわしく、「そこまでする必要があるのだろうか」との思いもあった。

とりわけ、同じように野村證券が指導し、ヨシックスよりも遅く準備を開始した企業がヨシックスよりも短期間で上場を果たした時には、「うちにだけ厳しくしているのではないか」と疑ったりもした。

こうした試練の時を経て、ヨシックスは2014（平成26）年12月24日、東京証券取引所ジャスダックと名古屋証券取引所第2部に上場した。最初に上場を目指した2001（平成13）年から、14年間も費やしたことになる。

ジャスダック上場で鐘を鳴らす

## 最後の最後の苦行

東京証券取引所ジャスダックと名古屋証券取引所第2部の上場にこぎ着けるまでには、長い試練の時を経なければならなかったが、決まれば決まったで最後の関門が待ち構えていた。

まずは２０１４（平成26）年11月下旬から12月上旬にかけて、約2週間のお務めをしなければならなかった。「ロードショー」と言われているもので、投資をお願いするために機関投資家を訪問し、ヨシックスの業績や将来性について説明して回るのだ。

「ロードショー」という言葉からは映画の上映を連想してしまうが、「新製品、新作などの新しいものを広める」という意味があるらしく、新規上場するヨシックスへの理解を深めてもらおうというものだ。

念願の上場が実現し、晴れの舞台の幕開けとなる重要な日々の始まりだが、この時の私の体調は最悪だった。上場が承認されてほっとし、たまりにたまった疲れが一気に噴き出してきたのか、めまいがし、耳鳴りがして、家で倒れてしまったのだ。私は救急車で、名古屋市立東部医療センターへ担ぎ込まれた。それから家へ帰ったものの、体調は十分回復してはおらず、そのような状態のまま「ロードショー」のために東京へ出掛けなければならなかった。

訪問先と訪問時間は野村證券が設定していたので、そのスケジュールに従って行動しなければならない。このため、会社説明の資料を持って、朝一番の新幹線で東京へ出掛けていった。

1日に多い日で5件、少なくても3件は回らなければならない。1時間説明して、30分で次の訪問先へ移動し、また1時間説明することを繰り返していくのだ。

　体調は最悪だったが、気が張っていたせいか、うまく説明することができた。それでも、そのような日が続くとさすがに疲れ、昼休みの時にぐったりして、同行していた野村証券の担当者についつい愚痴をこぼしてしまった。

「これまでいろいろあったが、最後の最後にこんな苦行までさせるのか」

　その年の冬はとりわけ寒く、雪がぱらついていた。

社是
"あたりまえや"を当り前に
私達はATARIMAEの事をATARIMAEに話し合い
ATARIMAEにおこないます。

わが社の社是

## 東京と名古屋でのセレモニー

機関投資家への訪問が終わると、胃の調子が悪かったので、名古屋市立東部医療センターで検査を受けた。ピロリ菌がいると診断され、除去するための薬を飲んだが、完全に除去できなかったので、2回目の治療を受けることになった。

1回目の時と違って、どういうわけか嘔吐の症状が出てフラフラになり、その状態のまま、2014（平成26）年12月24日の上場当日を迎えることになった。

ほかの方はどのようにこの日を迎えられたのか、ともかく当日の私は分からないことだらけだった。

朝6時台の新幹線で東京へ行き、午前8時半に野村證券の本社へ到着した。

その後、トレーディングフロア（テレビで株価を見ることのできる部屋）へ通され、待機して、午前9時にジャスダック市場が開くのを待った。

初日はすぐには値がつかないだろうと言われていたし、誰もがそう思っていた。ところが、場が開くとすぐに２６４０円の初値がついた。同時に上場した名古屋証券取引所第2部で、１００株の売りが出たからだった。

一方、ジャスダック市場では、トレーディングフロアに滞在している間には値がつかなかった。

それから、東京証券取引所へ行ってロビーで待っていると、立派な役員室へ通されて歓談した後、東証Ａｒｒｏｗｓの多目的スペースに移動してセレモニーが開催された。

上場企業として宣言され、木槌《づち》や盾を手渡されて、メインイベントである「上場の鐘」へ案内された。

鐘は「五穀豊穣」に由来して5回つく習慣になっており、まず私がつき、同行してきたほかの人たちが何人かで順番についていった。

セレモニーが終わると、「ちょっと来てほしい」と言われ、ついていくと、撮影機材の置いてある部屋へ通された。日経CNBCのスタジオで、私は上場企業を紹介する10分間の生放送に出演した。ただただ必死な10分間だった。

野村證券が用意してくれた会食があり、終わると急いで名古屋へ戻り、名古屋証券取引所のセレモニーでは盾や記念の壺を手渡された。

緊張していただけでなく、ともかく体調が悪く、待ちに待った大切な日のはずなのに、何をしていたのか分からない一日は、こうして終わった。

株式上場でテレビ出演

# 次は東証第2部へ

ジャスダックに上場するとほっとして、ひとつの達成感を抱く人が多いと聞く。ここに至るまでの大変さは体験してきたので、その気持ちはよく理解できるが、私はすぐに東京証券取引所第2部への市場変更の準備を開始した。証券会社は、引き続き野村證券にお願いした。

ジャスダックから東証2部への変更は、同じ決算期間内に行うことはできない。このため、手続きの開始は、翌年3月の決算期末まで待たなければならなかった。

２０１５（平成27）年5月上旬に決算がまとまり、野村證券に提出して、東証2部にふさわしい会社かどうかの審査を受けた。その結果、9月にゴーサインが出たので、東証への申し込みを行った。

東証2部への上場は、ジャスダック上場からちょうど1年後の12月24日に行った。1年前と同様にセレモニーが実施され、「上場の鐘」を5回ついた。まず私がつくのだが、私たちと一緒になって応援してくれたアサヒビールとサントリー酒類の社長に感謝の気持ちを込めて、ともの手を携えて鐘をついた。鐘をついて戻る時に、20～30人の小学生が東証へ社会見学に来ていて、引率の先生が私のほうを見て言った。

「上場企業の社長さんですよ」

小学生のひとりが先生に質問した

「上場ってなあに？」

「とても偉いことなのよ」

先生がそう答えると、小学生全員が私に向かって拍手をしてくれた。これほどうれしかったことはなく、忘れられない思い出となった。

　また、ジャスダックの時と同じように、日経ＣＮＢＣの放送に出演した。経験済みのことなのに、カメラの前に立つと完全に上がってしまった。

　経験していると言っても、あの時は体調を崩して心身ともにきわめて厳しい状態にあり、記憶がすっかり飛んでいて、何をどのように行ったのか、まったく覚えていなかった。

　東証２部の時にはもうひとつ、別のインタビュー番組への出演も決まっていた。緊張している私に、アナウンサーが言った。

「気持ちを落ち着かせるために、化粧をしてみませんか？」

　そこでメイクをしてもらうと笑いが出て、不思議に気持ちが落ち着き、うまくインタビューに答えることができた。

東証へ見学に来ていた中学生からも拍手をもらった

## 記録を塗り替える

東証2部に上場することができても、私の挑戦は止まることなく、直ちに1部への昇格を目指した。

ジャスダックから東証2部への時ほど手続きの開始を待たなくてもよく、審査もスムーズに進んでいったので、2016（平成28）年9月29日、東京証券取引所第1部と名古屋証券取引所第1部への上場を果たすことができた。

ヨシックスの上場に関しては、証券取引所の記録を塗り替えていく出来事があった。

東証と名証との重複上場の場合、1部同士、2部同士、ジャスダックとセントレックス、マザーズとセントレックスの組み合わせはあっても、ジャスダックと名証2部の重複同時上場という事例はないとのことだった。

こうした先例にならって、名証からは「セントレックスではどうでしょうか」との打診がなされた。

セントレックスは起業して間もないベンチャー企業のための市場と認識していたので、ヨシックスにはふさわしくないと思い、「それならば出る気はありません」と申し上げていると、「では2部ではどうでしょうか」との申し出があった。

こうして、ジャスダックと名証2部との重複上場の第1号となった。

また、ジャスダックと名証2部への上場は2014（平成26）年12月24日、東証1部と名証1部への上場は2016年9月29日で、この間は1年9カ月。ステップアップの最短記録を達成することになり、いろいろな方から「すごいですね」と評価をいただいた。

「上場会社になる」は2001（平成13）年から掲げてきた全社的な大目標で

あり、２０１５（平成27）年2月23日にはジャスダックと名証2部上場を記念して、２０１７（平成29）年1月25日には東証1部と名証1部上場を記念して、それぞれ名古屋マリオットアソシアホテルでパーティーを開催し、社員や関係者のみなさんと喜びを分かちあった。

２０１７年の時にはサントリー酒類とアサヒビールから大きなだるまをいただき、片目を入れてもらったが、次の目標は５００店舗の達成と書き記してあるため、だるまはまだ片目のままである。

東証、名証１部上場を記念した祝賀会

# 1部上場で暇になる

長い間、目標として掲げてきた東証、名証1部への上場が実現すると、予想もしていなかったことが起きてしまった。携帯電話の着信が極端に減っていき、急に暇になってしまったのだ。

事業を起こしてからの私は、自身で営業の最前線を駆け回ってきた。そんな私は、同様に仕事の最前線を駆け回り、奮闘している人たちと親しい付き合いを続けてきた。当然のことながら、携帯電話で気軽に話すことが多かった。

ところが、遠慮するようになったのか、1部上場を境にして、そういう人たちからの電話が途絶えてしまったのだ。

では、私に会う必要がある場合はどうするかというと、わざわざ管理本部に「いついつ伺いたい」と要件を伝え、面会を申し込んでくるようになった。このやり方では当然のことながら、コミュニケーションの機会は著しく減少していかざるを得なかった。

社内規定を厳格に順守する銀行の場合は、この傾向はさらに強かった。親しくしていた支店長クラスの人たちと会えなくなり、役員クラスの偉い人たちに代わっていったのだ。

このような変化は私を困惑させた。どのような仕事の場合でもそうだが、世の中の動きに直接触れているのは、現場の最前線を駆け回っている人たちである。

こういう人たちの話は生き生きしているし、話していておもしろい。感度を研ぎ澄ましていれば、交わされる言葉だけでなく、表情や態度からも多くの情報を得ることができる。

私はこうした新鮮な情報を得て、世の中の変化をつかみ取り、先を読んでいろいろな手を打ってきた。ここから、さまざまなアイデアも生まれてきた。

しかし、偉い人たちと交わされる話は当たり障りのない、世間話に近いものが多く、最前線の情報は社内組織を通じて伝達されるようになった。すなわち、私は新鮮な情報に直接ふれることができなくなってしまったのだ。

これは、それまでの私にとってはひとつの危機であり、新たなコミュニケーションの手段を獲得していかなければならなかった。

新たな交流の機会を求め、ウクレレバンドにも参加

## トップの新たな「現場」とは

東証1部上場会社のトップというのは、これまで通りの仕事をしているだけでは欲しい情報、必要な情報を得ることはできない。

このことに気づいた私は、これからは自らより積極的に情報を取りに行かなければならないと決心し、ネットで情報を収集したり、いろいろな雑誌を読みあさったりした。

待っているだけでは誰も誘ってはくれないので、いろいろな会合にできるだけ参加するようにしたし、ゴルフコンペにも参加した。

経済団体の会合では、テレビなどを見て知っているが会ったことのない人がいたし、反対に会ったことはないが私を知っている人がいた。そこには、それまで経験したことのない雰囲気があった。

このような新しい環境になじんでいくには、しばらく時間がかかった。私はこの環境の中で自分なりの役割を見つけ出そうとし、1年間は懸命に関わり続ける努力を重ねた。

しかし、改めて振り返ってみると、営業の最前線を駆け回り続けてきた私には、少しもおもしろくなかったし、楽しいと感じたこともなく、「自分はいったい何をしているのだろうか」と思うようになった。

私という人間に必要なのは、やはり仕事の現場であり、もう一度、現場に戻って、自分の感性を磨いてみたいと、日に日に思うようになった。

だが、かつての私の現場であった営業の最前線は、次の世代の人たちが守っている。その仕事を取り上げてしまったら、人を育てることはできない。では、今の私にとっての現場、私にしかできない仕事とは何なのだろうか。

ジャスダック、東証2部、東証1部というように株式市場のステージを上がっていくにつれて、株式の取引高が多くなり、株価を維持するための投資家回りが重要になってきていた。これこそが、これからの私の現場なのではないだろうか。

私は四半期決算ごとにできるだけ多くの機関投資家を回り、決算内容を報告するとともに、これからの方針を説明した。回を重ね、ヨシックスへの理解と認知が得られていくにつれて、私はわくわくするような充実感を取り戻すことができた。

外国人観光による地域振興を目指す「愛知インバウンド協会」の会合にも参加

# もうひとりの代表者

東証1部上場会社とは、日本国内でもっとも優れた会社の代名詞という時期があった。世間一般の認識であったし、私自身もそういうものだと思っていた。ところが、そのような手本となるべき会社であるにも関わらず、不祥事を起こしてしまい、代表者がテレビカメラの前で謝罪しているシーンが珍しくなくなってきた。

どんな会社でも不祥事は起こしてはならない。会社の規模が大きくなり、社会的影響力が大きくなればなるほど、このことはしっかり肝に銘じるべきだ。

しかし、万全の体制で臨んでいても、絶対に起きないと断言することはできない。社員の誰かが起こしたものでも、代表者が管理責任を問われることがある。場合によっては、辞任しなければ世間が許してくれないかもしれない。

代表者が突然、辞任に追い込まれたら、社内は混乱するし、取引先に多大な迷惑を掛けることになる。それだけではない。株主のみなさんを不安にさせ、株価が暴落すれば大きな損害を与えることになる。

頻繁に機関投資家を訪問するようになった私は、株主に対する責任の大きさをそれまで以上に認識するようになった。起きるはずがないと確信していても、起きてしまう不祥事もあり、そのような不測の事態にも備えておかなければならない。

その対策のひとつとして、代表者をもう一人設けることにした。そうすれば、私が不祥事の責任をとって辞任しても、もう一人が会社をあるべき方向へ導き、立て直してくれる。その姿勢を対外的に示すこともできる。

2018（平成30）年6月28日に開催した定時株主総会とその後の取締役会で、私は副社長だった瀬川雅人に社長を譲ることにした。

具体的には、私が代表取締役会長兼ＣＥＯ（最高経営責任者）となり、瀬川雅人は代表取締役社長兼ＣＯＯ（最高執行責任者）に就任した。

その結果、私はますます暇な立場へと追いやられた。私も最高責任者の片割れのはずだが、報告が社長の所で止まってしまい、私の所まで上がって来なくなったからだ。

ヨシックスの常勤取締役（右から２人目が瀬川雅人、４人目が筆者、５人目が吉岡裕太郎）

# 第四章　ホールディングス体制へ

## ホールディングスへの道

これからどのような会社組織にしていくべきかについても、私は考えた。この時、これまでの歩みを振り返って、悔やまれることがあった。「ヨシオカ建装」についてだった。

私が最初に取り組んだ事業は建築業であり、最初に設立した会社が「ヨシオカ建装」だった。どこか特定の会社から仕事を請け負うのではなく、積極的な営業活動を展開し、さまざまな会社から注文を獲得して、事業を拡大してきた。

その後、居酒屋を展開していくことになったが、それでも自社の店舗の建築にとどまらず、ほかの会社の建築も手掛けてきた。すなわち、建築会社として独立独歩の道を歩み続けていたのだ。

ところが、居酒屋事業が軌道に乗り、店舗が急増していくにともなって、ヨシックスの店舗の建築が主流になっていき、次第に独立した建築会社としての顔を失っていくことになった。

その結果、ヨシックスの建築部門に組み入れられることになったわけだが、これは私が本来、望んでいた姿ではなかった。「ヨシオカ建装」には、建築会社として成長発展を続けて欲しかったし、この社名には今でも愛着がある。

そこで私は、もう一度、「ヨシオカ建装」を独立させ、建築業としての道を歩んで欲しいと考えるようになった。

そればかりではない。会社が「ヨシックス」一社で、展開している事業が居酒屋チェーンひとつであれば、会社が成長拡大を続けていったとしても、社長は一人であり、主要なポストも自ずと限られてくる。

それでは、その人がどんなに頑張っても、例えば課長職の人は課長職のまま終わってしまうかもしれない。それでは、やる気が湧いて来ないだろう。

そうではなく、頑張れば部長に昇格し、社長になることもできる。そんな会社組織をつくり上げていくには、さまざまな事業に挑戦し、次々に新しい会社を生み出していかなければならない。

こうした動きをつくり上げていくために、私はヨシックスを「ホールディングス（持ち株会社）」に移行していく決断をした。

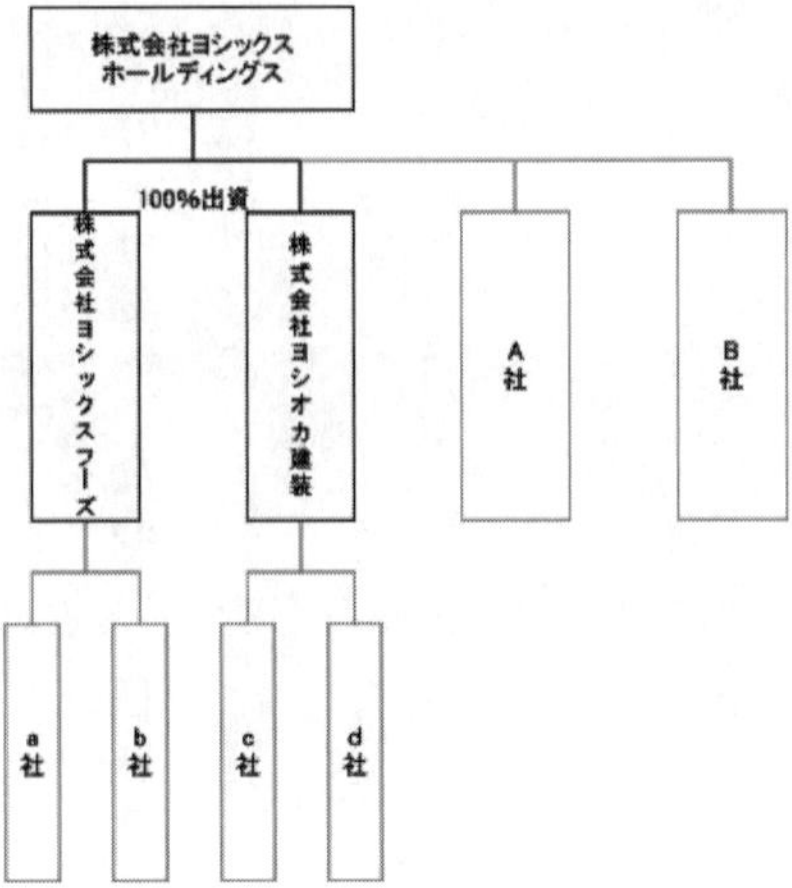


ホールディングスのイメージ

## 2021年1月1日に移行

私がヨシックスの将来の姿について根本から考え直し、「ホールディングス（持ち株会社）」体制に移行していくという方針を社内外に示したのは、2019（令和元）年6月に開催した株主総会においてだった。

それから具体的な計画を策定していき、2020（令和2）年7月13日、臨時報告書を東海財務局へ提出し、「会社分割による持ち株会社体制への移行および子会社（分割準備会社）設立に関するお知らせ」という次のような内容の発表を行った。

ヨシックスは「赤ちゃんから　おじいちゃん、おばあちゃんまで　楽しくすごせる心・食・居を演出する」という企業理念のもと、飲食事業および飲食店建築を中心とする建装事業を行っている。

外食業界は、人材需給のひっ迫、消費税率の引き上げ、新型コロナウイルス感染症の影響により、経営環境は極めて厳しい状況にあるが、ヨシックスはこのような環境下でも持続的成長を続け、「日本一の居酒屋チェーン」を目指していく。

そのためには、中核事業である「や台やグループ」の一層の拡大発展、祖業である建装事業のさらなる発展、これまでの事業範囲にとらわれない新事業への進出、創出が重要である。

これを実現するには、各事業部門における責任と権限を明確化して指揮命令系統を確立し、経営のスピードをさらに引き上げ、グループ経営体制を強化していく必要がある。このため、持ち株会社体制へ移行する。

これに向けて、ヨシックス100%出資の「株式会社ヨシックスフーズ」と「株式会社ヨシオカ建装」を分割準備会社として設立する。両社とも資本金は

９００万円。

ヨシックスフーズはや台や、や台ずし、ニパチなどの飲食事業を行い、社長にはヨシックス社長の瀬川雅人が就任する。

ヨシオカ建装は建装事業を行い、社長にはヨシックス専務の吉岡裕太郎が就任する。

この2社は8月11日に設立し、9月11日にヨシックスと分割契約を締結。2021（令和3）年1月1日にホールディングス体制へ移行した。

赤ちゃんから

おじいちゃん、おばあちゃんまで

楽しくすごせる心・食・居を演出する

ヨシックスの企業理念

## 「１００年企業」を目指して

事業を成長発展させていくには、目標が必要である。創業間もない頃の私は「１００億円企業」「１００年企業」というふたつの目標を掲げていた。当時の私にとっては、手の届かない壮大な夢と言ったほうが正確だったかもしれない。ところが、や台やグループの出店が加速化していくにつれて、売り上げが急拡大していき、２０１５（平成27）年は年商が１０９億７５２６万円となり、「１００億円企業」という創業以来の夢を実現することができた。

達成したら、次の目標を設定しなければならない。「１００億円企業」となったこの年には、や台やグループの総店舗数は２０１店舗となり、２００店舗の大台を突破したので、中期的には「３００店舗」、長期的には「５００店舗」という目標を掲げることにした。

ところが、この「300店舗」は、わずか3年後の2018（平成30）年9月に達成してしまった。こうなると、またしても次の目標を設定しなければならなくなる。

そこで、長期目標としていた「500店舗」を中期目標とし、長期目標をどうすべきかについて考えた。

日本一の居酒屋チェーンはモンテローザで、この頃の総店舗数は約2千店舗。ヨシックスが日本一の居酒屋チェーンになるには、これを上回らなければならない。

そこで、「300店舗」を達成した年の年商が約180億円だったので、その10倍を長期目標とすることにし、「総店舗数3千店舗」「年商1800億円」を目指していくことにした。

2020（令和2）年あたりから始まった、コロナ禍という厳しい状況の中でも、この長期目標は掲げ続けている。

創業間もない頃のもうひとつの目標である「１００年企業」については、私1代でできることではなく、少なくても3代は必要とするきわめて長期な目標である。

私はこれについても手を打ってきた。いかなる環境下でも持続的な成長を続けることのできる企業にするために、株式を上場したのに続いて、ホールディングス体制への移行に取り組んでいるというわけだ。

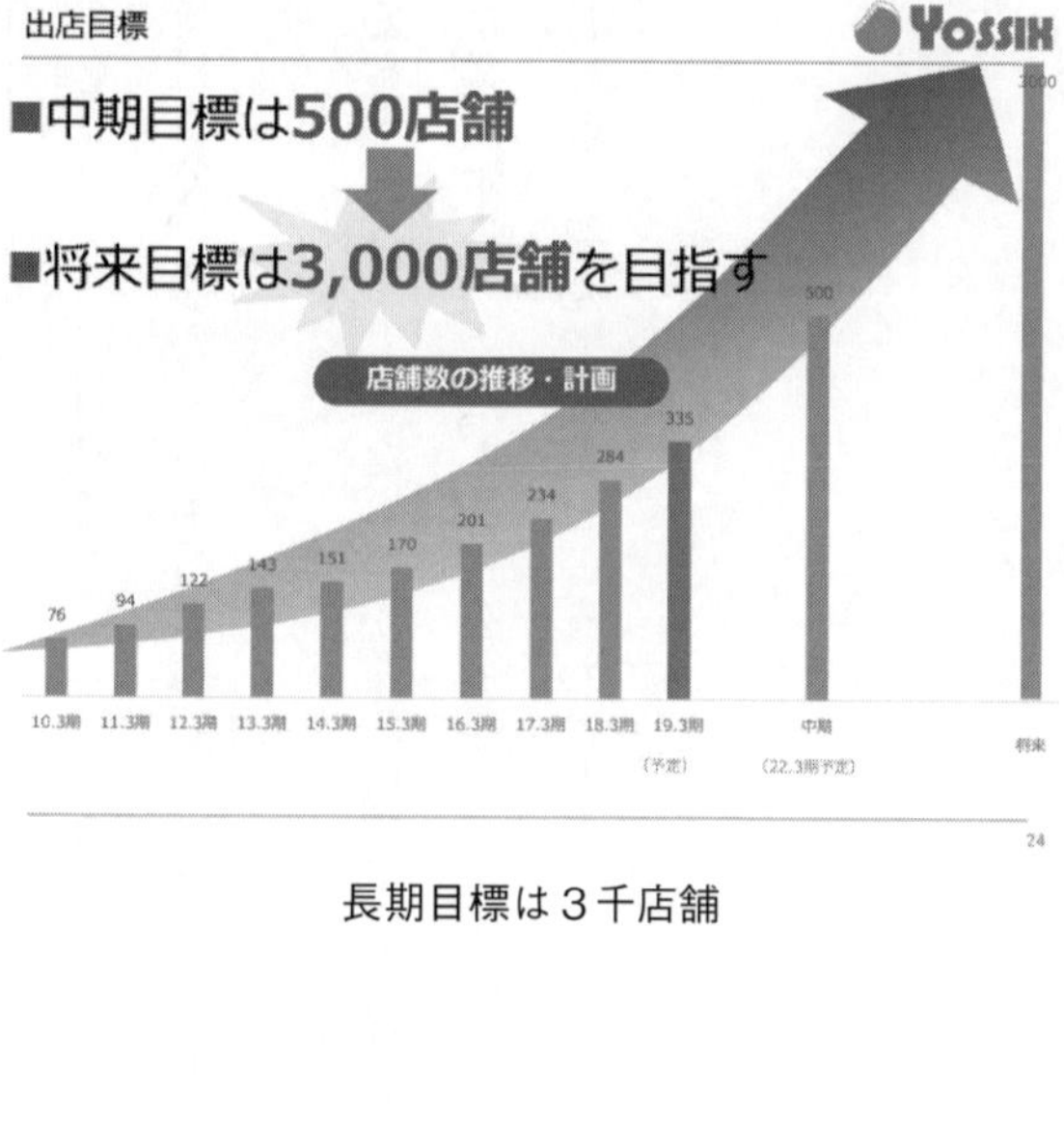
出店目標
YOSSIX
■中期目標は500店舗
■将来目標は3,000店舗を目指す
店舗数の推移・計画
76
94
122
143
151
170
201
234
284
335
500
3000
10.3期
11.3期
12.3期
13.3期
14.3期
15.3期
16.3期
17.3期
18.3期
19.3期
（予定）
中期
（22.3期予定）
将来
24

長期目標は３千店舗

## ダイエーからサントリーへ

１９９０（平成２）年、名古屋市東区徳川町５０２番地に初めて本社ビルを建設し、飲食事業会社の社名を「ベストフード」から「ヨシックス」に変更した。この時、会社のコーポレートマークを定め、社章に採用するとともに、本社ビルの壁面にも掲げた。

目標にしたのは、当時は多くの人が目にしていた「ダイエー」のマークだった。

日本の流通革命の最先端を走り続け、日本の流通産業の在り方を一変させていく勢いがあった。私は事業を行うのなら、ダイエーのような会社をつくりたいと思ったのだ。

太陽の左上に階段をつけた形で、「太陽、すなわち未来に向かって、みんなで和（円）をもって、一緒に、ひとつひとつの階段を上っていこう」との思いを込めたものだった。

時は流れ、かつては日本一の小売業と言われたダイエーは、次第にその勢いを失っていった。

２０２０（令和２）年8月20日、東区徳川1丁目9番30号のビルに本社を移転した。これを機にコーポレートマークを変更することにした。

今度目標にしたのは「サントリー」だった。社名のローマ字表記をデザイン化しているので、同じように「ＹＯＳＳＩＸ」の６文字をデザインして作成した。

以前のコーポレートマークと同様に、社章に用いるとともに、新本社ビルの最上部の壁面に掲げている。

サントリーは歴史のあるオーナー企業でありながら、時代の変化に機動的に対応していく革新力があり、いろいろな事業に挑戦していくために、柱となる子会社がさらに子会社を生み出して、約３００社のグループをつくり上げている。

ヨシックスは２０２１（令和３）年1月1日にホールディングス体制へ移行、既存事業の持続的な成長と従来の事業範囲にとらわれない新事業の創出を目指す。

それをすでに実践しているのがサントリーであり、言葉を尽くして説明しても分かりづらいので、「サントリーのような会社を目指そう」を合い言葉に、新たな第一歩を踏み出していきたい。

YOSSIX

新たなコーポレートマーク

新本社ビル（右）と旧本社ビル

# 子どもたちとヨシックスの関係

これまでを振り返ると、私の４人の子どもの誕生とヨシックスには不思議な関係がある。生まれるたびにターニングポイントを迎え、新たな発展が始まっていったからだ。

大阪で「本家かまどや」の仕事をしていた私は、１９８２（昭和57）年４月に名古屋へ移住し、名古屋市東区葵1丁目に「本家かまどや」の名古屋地区１号店をオープンした。その年の６月に長女の美華が誕生した。父親になった私はそれまで以上に仕事に励み、事業は順調に軌道に乗っていった。

翌年の１９８３（昭和58）年10月には次女の千華が生まれた。この年には「ヨシオカ建装」を法人化し、「本家かまどや」の全国展開にともなって売り上げが急拡大していくことになる。

１９８８（昭和63）年7月には、長男の裕太郎が生まれた。翌年には名古屋市東区徳川町に土地を購入し、旧本社ビルを建設することになる。また、「本家かまどや」一辺倒から脱皮し、「養老乃瀧」はじめさまざまな工事を手掛けていくようになる。

１９９６（平成8）年10月には3女の由華が生まれた。由華が赤ん坊の時、家族連れで居酒屋へ行くと「赤ちゃんは困ります」と拒否されてしまった。この時の経験が「赤ちゃんから、おじいちゃん、おばちゃんにまで楽しんでほしい」という「や台や」の原点のひとつになっている。

そして２０１５（平成27）年2月、ジャスダックと名証2部への上場を記念した立食パーティーで、あいさつした私に記念品を手渡すため、３人の娘が舞台へ上がってきた。誰があいさつするかという話になり、当時中学3年生の由華が「私がする」と言って、３００人のお客さんの前に立った。

「父はいつも、子どもが生まれるたびに会社が大きくなってきたと言っています。今のや台やグループがあるのは私のおかげかもしれません」

会場は拍手喝采となった。

この時、出席していた取引先の方々が転勤し、出世されて再び名古屋へ着任すると、口をそろえて「あの娘さんはどうしていますか」と質問される。それくらい印象に残る出来事だったのだ。

子どもたちと妻

## 「経営指針書」を作成する

ヨシックスは毎年、企業理念、社是、基本理念から、その期のスローガン、重点方針、行動計画などを盛り込んだ「経営指針書」を作成している。

作成に取り掛かるのは11月。マネージャー以上の約30人が出席する経営戦略会議で意見を出し合い、話し合い、練り上げて、翌年2月までに内容を決定する。

これを印刷して社員全員に配布し、4月1日から全国各地の事業部で「経営指針発表会」を開催。全社員と向き合う貴重な機会なので、私はそのすべてに出席するようにしている。

この「経営指針書」の作成を始めたのは、2000（平成12）年からだった。その2年前の1998（平成10）年、「や台や」の1号店をオープンした。

当時は新しく採用した社員との意思の疎通を図るため、毎週月曜日に旧本社ビル7階の会議室に全員が集まって「店責会議」を開いていた。

私はその席で、気づいたことを一人ひとりに、細かなことに至るまで注意していた。振り返ってみれば、や台やグループ創業期のなつかしい光景だ。

その年の総店舗数は4店舗、翌年には10店舗となったが、3年目の2000年は28店舗となり、前年の3倍近くまで一気に拡大した。

店舗数が急増すれば、当然のことながら社員数も急増していき、伝えなければならないことを私自身の言葉で、一人ひとりに伝えることは難しくなってきた。そこで、経営理念などを定めようということになった。

しかし、見栄えのいい言葉、格好いい言葉を並べてみても、しっくりこないし、覚えられないし、浸透させるのは難しい。

では、何がいいだろうか？　全員で考えていると、ひとりが「『あたりまえや』

はどうでしょう」と発言した。それは、私が社員を注意する時の口ぐせ「そんな、あたりまえやろ」のことだった。この「あたりまえや」精神は社是として結実していくことになる。

最初の「経営指針書」の記述は少なく、薄い冊子だったが、それから20年、毎年改定を重ねてきた結果、今では200ページ近い厚さになっている。

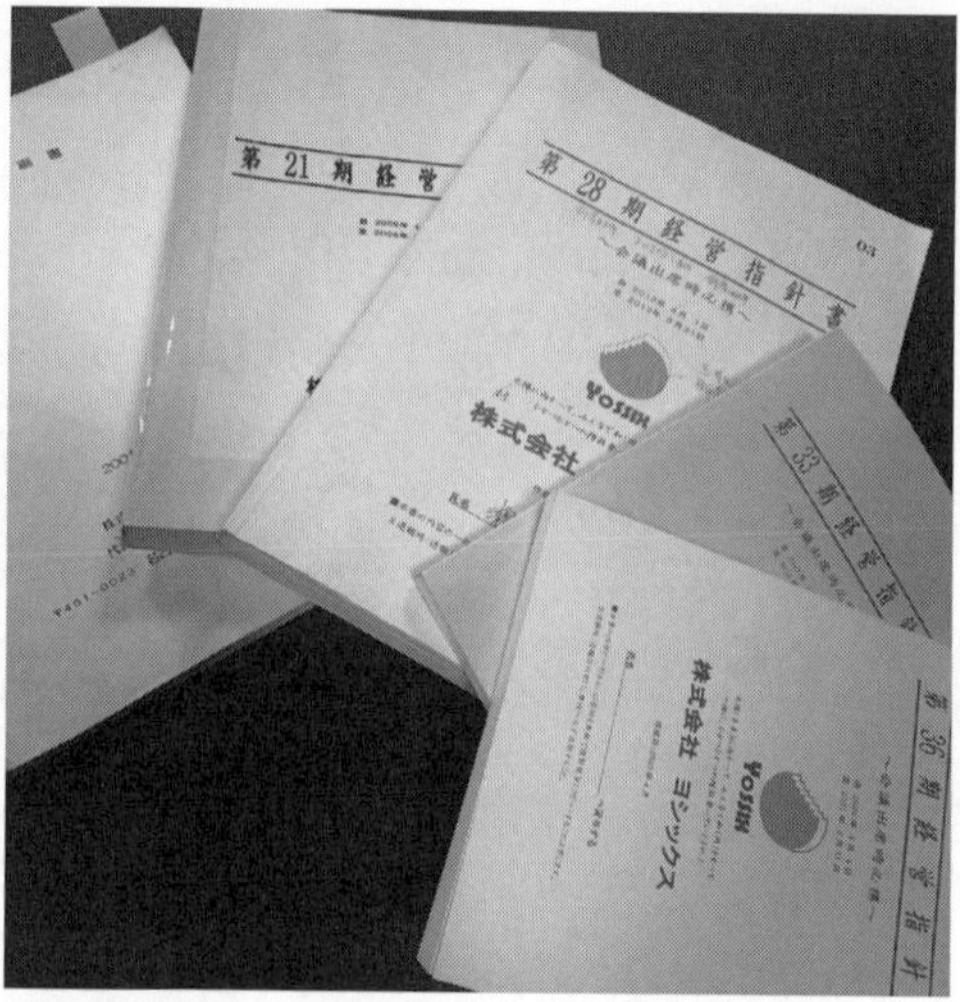

2000年から作成している「経営指針書」

## 「あたりまえ」を実践する

社是は次のように記してある。

〝あたりまえや〟を当り前に　私達はATARIMAEの事をATARIMAEに話し合い、ATARIMAEにおこないます。

ほかの人から見れば、それこそ当たり前なことを言っているに過ぎないと思われるかもしれないが、ここには店の現場での体験や歴史が凝縮されている。

や台やグループは、短期間で店舗数を急拡大してきた。これを実現していくには、即戦力の人材を次々に採用していかなければならなかった。

集ってきた人たちは、割烹《かっぽう》料理店の職人、回転ずしの職人、居酒屋の職人などさまざまだった。同じ飲食業に携わっていても、業態が異なれば調理法はもとより、掃除の仕方ひとつをとっても異なっている。

すなわち、育ってきた環境が異なれば、人それぞれの「あたりまえ」は異なっているのだ。しかし、ヨシックスグループとしての「あたりまえ」は共有されていなければならない。

しかも、毎週月曜日に開催していた「店責会議」で話していたほとんどは、不潔な身なり、遅刻、礼儀作法などであり、飲食業に携わる社会人として、まさに「あたりまえ」なことばかりだった。

例えばある日、私はある社員に「風呂へ入ってきたか?」と質問した。社員は「入ってきました」と答えたが、私の目にはそのようには見えなかった。

そこで、私は「風呂へ入ってきたように見えなければだめだ」と注意した。

この経験は、当り前に実践すべき項目のひとつとして「毎日〝風呂に入っているような清潔感を〟当り前に行います」と記してある。

社是の由来は「私達は、元気な声出しで、清潔感、笑顔の接客を当り前に行います」として、このような最低限度当り前に実践すべき項目を20項目掲げている。

どれも実に「あたりまえ」なことばかりだが、このような基本的な「あたりまえ」を実践し続けることのできないのが人間であり、注意すればへ理屈や言い訳が返ってくることが多かった。

社是は、こうした生きた経験の貴重な結晶というべきものなのだ。

「元気朝礼」で「あたりまえ精神」を確認

## ヨシックス流新業態開発

社是に掲げている事項の背景には、それぞれに異なる仕事を経験してきた人たちが集まり、急成長をつくり上げてきたという、ヨシックスならではの歴史があった。この歴史は、ヨシックス流の新業態開発や新しい需要への対応の在り方にも影響を与えてきた。

ヨシックスに集まってきた人たちは、それぞれに異なる経験や知識を蓄積してきた。その人たちが「これはおもしろい」「これは伸びる」と思っている事業について「だからやってみたい」と手を挙げる。

すなわち、社員一人ひとりが自発的にアイデアを考え出し、挑戦意欲を示すところから、新業態を開発していくための第一歩が始まるのだ。

こうして集まってきたアイデアは、月1回の戦略会議で検討を重ね、ゴーサインが出れば具体的な戦略を確立していくことになる。その第1号は「や台ずし」だった。

北海道の有力寿司店がある回転寿司チェーンに吸収され、この時、北海道から名古屋へ転勤してきた人が「や台や」の求人広告を見て入社。この人の経験を生かして手掛けたのが「や台ずし」である。

「や台や」「や台ずし」「ニパチ」に続いて、鮮魚刺身と鶏黒炭焼きの個室居酒屋「せんと」と串カツ居酒屋「これや」を展開している。

串カツの店は以前にも手掛けていたが、一度撤退し、串カツの大きさやころもなどメニューを見直し、戦略を練り直しての再挑戦である。

この5つに続いて、新業態として「焼とりてっぱん」を2020（令和2）年11月にオープンした。この業態ではオリジナルの冷めにくい特注鉄板で焼鳥など提供している。

今期の経営指針書には、「新業態開発と新需要への対応」の目的について次のように記している。

時代や流行に柔軟に対応し、「安定」より「革新」をモットーとした「大企業病」にかからない100年企業であるために、新たな柱となる業態を確立する。

企業規模が大きくなって陥りやすいのが、向上心が欠如したり、意思決定に時間がかかるなどのいわゆる「大企業病」。機動力のある多くの企業群で構成するホールディングス体制への移行は、大企業病に陥るのを避けるためでもあるのだ。

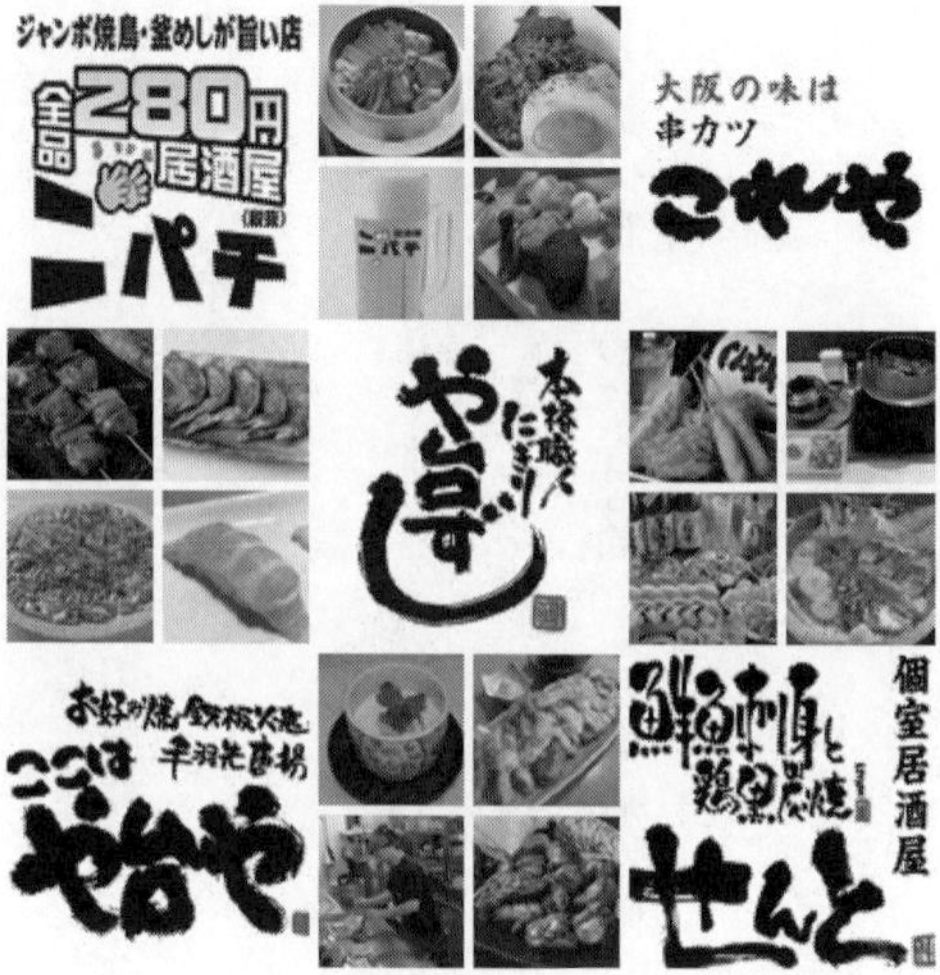
ジャンボ焼鳥・釜めしが旨い店
全品280円居酒屋
ニパチ
大阪の味は
串カツ
これや
本格職人にぎり
やぐらずし
お好み焼・鉄板焼・手羽先唐揚
ここは
やぐらや
鮮魚刺身と
鶏の黒炭焼
個室居酒屋
せんと
業態イメージ

# 企業理念と基本理念

「経営指針書」の最初に記してあるのは、ヨシックスの企業理念「赤ちゃんから　おじいちゃん、おばあちゃんまで　楽しくすごせる　心・食・居を演出する」である。

ヨシックスの顧客対象は「赤ちゃんからおじいちゃん、おばあちゃんまで」のすべての人だ。

ここであえて「赤ちゃんから」と強調しているのは、本書でもすでに紹介したが、3女の由華が赤ん坊の時、家族連れで居酒屋へ行くと「赤ちゃん連れは困ります」と拒否されたことがあったからだ。

そして、実際に「や台や」を始めてしばらくすると、午後7時から午後9時までは家族連れ、午後10時以降はサラリーマンやカップルというように、「や台や」という業態はすべての年齢層に受け入れられることが分かってきた。

経営理念は、こうしたすべての人に次の三つを約束するためのものだ。

「心温まる」存在感を持つ企業であり続けます。

「食」を通じて、元気をお持ち帰りいただける企業であり続けます。

「居心地」の良さを提供、創造できる企業であり続けます。

この経営理念は、飲食店を主体としながら総合建築業を目指していた「ヨシオカ建装」の企業理念が原型となっている。心地よい飲食や居住空間を提供するとの思いを込めて「食・住・空間」としていたのを改めたのだ。「ヨシオカ建装」は私が最初に設立した会社であり、創業時の思いや信念は今も変わってはいない。

会社全体の理念のほかに、飲食事業すなわち「や台やグループ」の基本理念として「元気を持って帰ってもらう店なんやで」を定めている。

私は常々「こんな店があったらいいな」と考えていた。そして、そんな店を実際に作ってみようと思った。こうして生まれたのが、や台やグループの1号店「や台や押切町」だった。

それは屋台のように開放的で、気軽に入りやすい店。入り口に足をかけただけで「いらっしゃいませ」が聞こえてくる店。清潔で明るく、元気で活気のある店。基本理念は、この原点を忘れないためのものである。

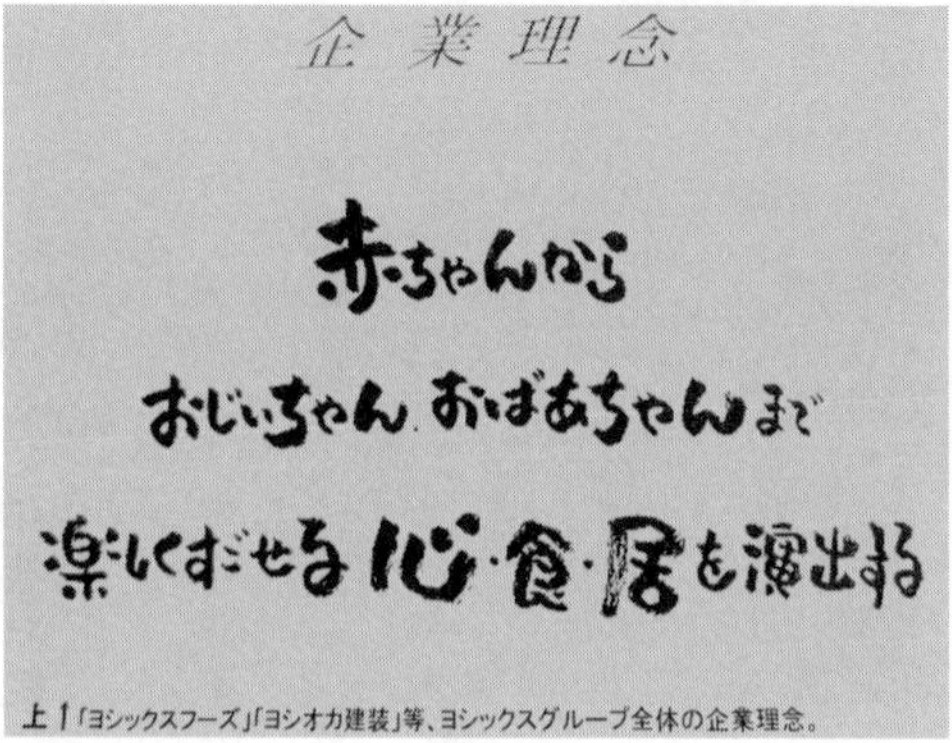
企業理念

赤ちゃんから

おじいちゃん、おばあちゃんまで

楽しくすごせる心・食・居を演出する

上↑「ヨシックスフーズ」「ヨシオカ建装」等、ヨシックスグループ全体の企業理念。

ヨシックスの企業理念（経営指針書から）

## 名古屋と大阪に記念財団

社会貢献活動としては２０１７（平成29）年1月、「一般財団法人ヨシックス記念財団」を設立した。代表理事は私が務めている。

社会に有用な人材を育成するため、「愛知県内の専修学校、短期大学、大学、大学院に在学し、学術優秀、品行方正でありながら、経済的理由によって修学が困難な学生への奨学金の支給」「愛知県内の大学や研究機関に在籍して研究を行う研究者や研究団体への研究助成」などを目的としている。

続いて２０１８（平成30）年3月には「一般財団法人吉岡記念財団」を設立した。私が大阪の出身であるため、大阪府内を対象にした同様の財団を設けた。代表理事は吉岡裕太郎が務めている。

両財団ともまだ設立して間もないため、毎年30人の学生に奨学金を支給することから始めている。

このほかにも、私は会社経営以外でやってみたいことがいくつかある。中でもぜひ実現したいと思っているのは、商業用ポスターの美術館の開設だ。

商業活動には、商品やサービスを売り込むためのポスターが不可欠である。ポスターのデザインの傾向は、時代の変化とともに変化していき、その時代の雰囲気を色濃く止めている。

このため、ポスターの移り変わりを眺めていけば、その商品やサービスが生み出された時代の移り変わりを体感することができ、長い時間を経てきた古いポスターには現在の感性では生み出し得ない美術品的価値が生まれてくる。

私はそうした歴史的価値のあるポスターを、酒造メーカーなどの伝統ある取引先企業からいただいている。中には「もうこれ1枚しか残っていない」という貴重なものもある。

それを倉庫の中に埋もれさせておくのはあまりにも惜しいので、広く一般の人に見てもらうための美術館を作りたいと思っているのだ。

まだそう念じているに過ぎない段階だが、少しでも多くの人に美術品的価値のあるポスターの美しさを知ってもらいたいので、本社ビルの一階に何枚かを展示している。来社の際には、ぜひ鑑賞していただきたい。

ヨシックスのコーポレートサイトのバナー

本社ビル１階のポスター

# 新たな第一歩

これまでを振り返ってみると、順風満帆に成長拡大を続けてきたわけではなく、いくつもの困難や危機に直面してきた。そのたびに新しい方向性を打ち出し、困難や危機に直面する以前よりも大きな成果を手にしてきた。

私が最初に手掛けた商売は毛皮の販売だった。12月、1月とおもしろいように売れたが、2月はさっぱりだった。私は2月から春物に切り替わることを知らず、とんだ失敗だったが、この経験は無駄ではなかった。私は商売のおもしろさに目覚め、起業の道を選択した。

ヨシオカ建装は、「本家かまどや」の新店舗の建築を一手に引き受けていたが、全国展開が完成していくと仕事がぱたりとなくなった。だからこそ、さまざまな飲食店の仕事を手掛けるようになった。

「本家かまどや」の持ち帰り弁当の店に、コンビニエンスストアという強力な競争相手が出現してきた。だからこそ、試行錯誤を重ねて「や台やグループ」を展開することになった。

株式上場も予想以上に時間がかかったからこそ、ジャスダックから東証1部へのステップアップは最短記録を達成することができた。

飲食業は2020（令和2）年ごろから、新型コロナウイルスの世界的な大流行という未曽有の危機に翻弄《ほんろう》されてきた。危機後の世界は巣ごもりや非接触型の生活が常態化するとして、ウィズコロナ、アフターコロナのビジネスモデルを模索する動きがある。

しかし、果たしてそうなるだろうか。人類はそれこそ有史以前から、集い、語らい、食べて、酒を酌み交わす暮らしを楽しんできた。それが終わるとは考えにくい。人類は感染症との戦いを続けてきたが、パンデミックは必ず終焉《しゅうえん》し、ふれあいや絆を取り戻してきた。

ウィズコロナやアフターコロナは、一時的な流行で終わるのではないだろうか。

当面のコロナ対策に万全を期すのは当然だが、並行して進めなければならないことがある。目先の動きにとらわれず、長期的観点から先行きを眺め、チャンスとなれば、どこよりも早く打って出る。そのための準備をしておくことだ。

２０２１（令和３）年1月1日、ホールディングス体制に移行し同年6月、ヨシックスホールディングスに社名変更した。ヨシックスグループは苦境の中で新たな第一歩を踏み出していく。

多くの人に支えられ、ヨシックスホールディングスはこれからも成長し続けます。

# あとがき

マイウェイの連載企画にお声掛けいただいた時、現役の自分にはまだ早いと感じました。しかし創業から40年が経ち、今一度原点回帰の意味も込めて振り返ってみるのもいいのではないかと思い、了承させていただきました。

自分が生きていくため、メシを食うために「建築」を生業として創業し、さまざまな出会いやアイデアから「外食業」に参入することになりました。自分が生きる、メシを食うために興した事業ではありましたが、いつしかそれが〝1000億、1000年企業〟を目指すことになり、ひいては3000店舗売上高1800億円という壮大な目標として現在に至っております。

創業時は何もわからず試行錯誤の連続でしたが、メシを食うために日々必死でした。結婚して家族ができ、また子どもにも恵まれてどんどん家族が増えていきました。家族が増える度にメシを食わせていかないといけないという思いが強くなるとともに、企業の成長につれて社員という名の家族も増え、「家族」を養い続けるという強い使命感を抱くようになりました。一方で「家族」が増えていき、逆に「家族」にメシを食わせてもらっているという思いもありました。

会社が順調に拡大成長し、「家族」も増えていく中で、この成長が続けばいつか限界がくると感じておりました。どのようにすれば更なる成長ができるのか、どのようにすれば管理・統治できるのか。その答えが上場するということでした。また上場後の更なる成長へ繋げるための施策として実行したのがホールディングス体制への移行でした。これは、２０２０年初頭から続く新型コロナウイルスが猛威を振るう中でも、私たちは成長し続けるという強い意思・方向性を示したものであります。

自分自身も株式会社ヨシックスホールディングスの会長兼社長としてグループの先頭に立ち、役職員一同、〝一所懸命〟みんなで盛り上げ、みんなで一緒に発展していくよう事業に邁進していくとともに、日々お客様、取引業者様に対する感謝の気持ちを忘れることなく取り組んでいく所存です。

末筆ながら、この度の出版に際して編集に携わった社員の皆さん、中部経済新聞社の津田一孝氏には大変お世話になりました。ありがとうございました。

令和3年6月吉日

筆　者

＊本書は中部経済新聞に平成三年一一月一二日から同年一二月二六日まで四十六回にわたって連載された『マイウェイ』を改題し、新書化にあたり加筆修正しました。

吉岡 昌成（よしおか まさなり）

「や台や」「や台ずし」「二パチ」などを展開するヨシックスの創業者。1977（昭和52）年に大阪工業大学建築学科を卒業し、会社勤めを経て独立。建築業、飲食店経営の経験を積み、1998年から「や台や」、2000年から「や台ずし」の展開に乗り出す。
大阪市出身。

中経マイウェイ新書　050
“あたりまえや”を当《あた》り前《まえ》に

2021年7月15日　初版第1刷発行

・

著者　吉岡 昌成

発行者　恒成 秀洋　発行所　中部経済新聞社

名古屋市中村区名駅4-4-10　〒450-8561
電話 052-561-5675（事業部）

印刷所　モリモト印刷株式会社　製本所　株式会社三森製本


ISBN978-4-88520-234-6